Cornelia & Stephan Schwarz

Schluss mit Psychospielchen

dtv

Ausführliche Informationen über
unsere Autoren und Bücher
www.dtv.de

Dieses Buch ist auch als eBook erhältlich.

Originalausgabe
2. Auflage 2016
© 2016 dtv Verlagsgesellschaft mbH & Co. KG, München
Das Werk ist urheberrechtlich geschützt.
Sämtliche, auch auszugsweise Verwertungen bleiben vorbehalten.
Umschlaggestaltung: buxdesign, München
Gesetzt aus der DTL Dorian 10,25/13˙
Satz: Fotosatz Amann, Memmingen
Druck und Bindung: Druckerei Kösel, Krugzell
Gedruckt auf säurefreiem, chlorfrei gebleichtem Papier
Printed in Germany · ISBN 978-3-423-26115-9

Inhalt

Wie Sie Psychospiele überwinden

Opferspiele: *Ich bin nicht okay, die anderen sind okay*

Retterspiele: *Ich bin okay, die anderen brauchen mich, um auch okay zu sein*

Verfolgerspiele: *Ich bin okay, die anderen sind nicht okay*

Ihr zukünftiges dramafreies Ich

Einleitung

Dieses Buch wird Ihr Leben verändern. Davon sind wir überzeugt. Warum?

Seit mehr als 25 Jahren coachen wir Unternehmer, Manager, Abteilungsleiter und ganz normale Leute von nebenan. Wir beraten Menschen, die mitten im Leben stehen, Verantwortung tragen, gut ausgebildet sind und trotzdem am Ende mit ihrem Latein. Weil es hakt und klemmt. Weil Intrigen, Mobbing und fehlende Motivation die Arbeitsabläufe blockieren. Vor allem aber, weil viele unserer Klienten selbst blockiert sind. So sehr, dass sie lediglich einen Bruchteil ihres Potenzials ausschöpfen.

Viele haben familiäre Probleme, sei es mit dem Partner oder mit der Kindererziehung. Oft sind es auch zerbrochene Freundschaften oder endlose Streitigkeiten mit dem Nachbarn, unter denen sie leiden. Sie haben ganz einfach das Gefühl, etwas falsch zu machen. Dass sie in Psychospiele verwickelt sind, ist ihnen gar nicht bewusst. Was sie allerdings spüren, sind unangenehme Gefühle, Verwirrung, Blockaden.

Psychospiele erzeugen bei allen Beteiligten eine innere Leere. Man traut seinen Emotionen nicht, fühlt sich unwohl, unverstanden, überfordert. Auf einmal tut man Dinge, die man eigentlich nicht tun wollte. Man sagt Sätze, die gar nicht zu einem passen. Man steht völlig neben sich. Die Folgen sind schwerwiegend: Sie reichen von Erschöpfung über Ängste bis hin zu ernsthaften Krankheiten.

Viele Menschen handeln ohne nachzudenken aus dem Bauch heraus. Das kann genau richtig sein, schon klar. Es kann aber auch zu ernsthaften Problemen führen. Dann nämlich, wenn man arglos in Psychospiele stolpert und wie ferngesteuert reagiert. Wer hingegen versteht, wie manipuliert wird, kann Einfluss auf die Situation nehmen. Schon kleine Verhaltensänderungen zeigen Wirkung. Denn ob Gespräche angenehm, zielorientiert und effizient verlaufen, hängt entscheidend davon ab, wie man die eigene Person ins Spiel bringt.

Schöpfen Sie Ihr Potenzial aus? Können Sie Ihre Problemlösungskompetenz anwenden? Oder scheitert das Miteinander an negativen Rollenmustern?

Ab jetzt haben Sie es selbst in der Hand. Wir zeigen Ihnen, wie Sie sich Steuerkompetenz aneignen, um souverän, professionell und erfolgreich zu kommunizieren. So lässt sich jede Art von Beziehung nachhaltig verbessern – sei es in der Partnerschaft, in der Familie, in Freundschaften, im Job.

Wir arbeiten mit buddhistischem Knowhow, kombiniert mit psychologischem Wissen und einer gehörigen Portion Humor. Humor? Genau. Wer jemals einen lächelnden Buddha gesehen hat, weiß, warum. Lachen befreit. Durch die buddhistische Haltung versteht man auf einmal die Absurdität der täglichen Psychospiele. Das Ziel ist es, von der Spielfigur zum Beobachter und klugen Manager belastender Situationen zu werden. Dann ist der Weg frei für die wirklich wichtigen Fragen: Wer bin ich? Was kann ich? Was möchte ich erreichen?

Ganz pragmatisch machen wir das buddhistische Wissen

für die Lösung alltäglicher Konflikte nutzbar. Für die Schärfung der Wahrnehmung, für wertschätzende Kommunikation, für ein Leben in Balance. Dabei integrieren wir spirituelle Ideen wie Achtsamkeit und innere Energie in unser Konzept der Persönlichkeitsentwicklung. Wir machen Menschen stark für das Hier und Jetzt. Auf den Punkt gebracht, vermitteln wir den Buddhismus für das 21. Jahrhundert. Damit Sie künftig Ihre volle Power leben, Ihre Liebesfähigkeit, Ihre Begabungen, Ihr Talent fürs Glück.

Und los geht's. Wir wünschen Ihnen eine spannende Lektüre!

Cornelia und Stephan Schwarz

Warum sich der Ausstieg aus Psychospielen lohnt:

- Sie bauen stabile Beziehungen auf – weil Sie nie wieder in neurotische Beziehungsmuster geraten.
- Sie wirken sympathischer, weil man Menschen mag, die gelassen und empathisch mit anderen umgehen.
- Sie verhalten sich emotional souverän – weil Ihre Gefühle nicht mehr manipulierbar sind.
- Sie werden erfolgreicher – weil Sie keine Energie in den täglichen Kleinkriegen der Psychospiele vergeuden.
- Sie verbessern Ihre Teamfähigkeit – weil Sie Ihr kooperatives Verhalten schulen.
- Sie verhindern Selbstzweifel und seelische Krisen – weil Sie sicher in sich ruhen.
- Sie tun etwas für Ihre körperliche Gesundheit – weil Sie psychosomatischen Krankheiten vorbeugen, die durch Psychospiele entstehen.

Wie Psychospiele funktionieren

Das Dramadreieck

Psychospiele lassen sich auf einen Nenner bringen – es sind destruktive Rollenspiele. Das heißt: Jemand schlüpft in eine Rolle und zwingt andere, eine dazu passende Rolle einzunehmen. Das geschieht wie auf einer Bühne: Ich bin Romeo, also musst du jetzt Julia sein. Aber anders als in Shakespeares ›Romeo und Julia‹ kristallisieren sich bei Psychospielen drei spezifische Rollentypen heraus: Opfer, Retter und Verfolger. Diese drei Archetypen sind miteinander verbunden und bilden ein Dreieck, das Dramadreieck.

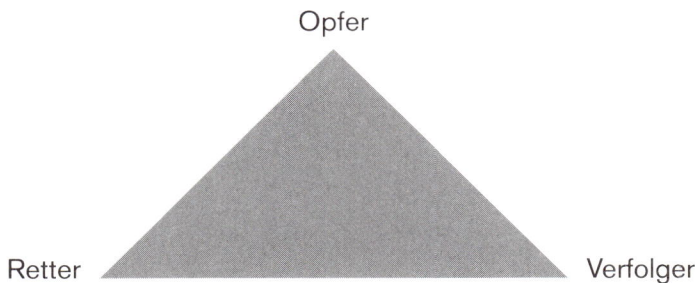

Opfer

Retter   Verfolger

Das Dramadreieck lässt sich überall beobachten: in der alltäglichen Kommunikation, in Unternehmen, in der Politik. Möglicherweise sind auch Sie involviert, denn wer dieses

Psychospiel nicht reflektiert, wird zum unbewussten Mitspieler. Ohne dass er es realisiert, nimmt er Dramaangebote an und reagiert in Rollenmustern. Dabei verhält er sich mal als Opfer, mal als Retter, mal als Verfolger.

Der *Opfer*-Archetyp klagt: »Ich bin schwach; ich bin für nichts verantwortlich, die anderen sind schuld; deshalb müssen sie für mich da sein.« Der *Retter*-Archetyp sagt: »Ich kann dir helfen; ich weiß, was richtig für dich ist; du brauchst mich, ohne mich bist du verloren.« Der *Verfolger*-Archetyp dagegen tritt unverhohlen aggressiv auf: »Ich muss immer siegen; wer sich mir in den Weg stellt, ist wertlos; ich beherrsche andere, indem ich sie erniedrige.«

Das *Opfer* gibt anderen Menschen und widrigen Umständen die Schuld an seinen negativen Erlebnissen. Was auch immer im Leben des Opfers geschieht, stets delegiert es die Verantwortung dafür weiter und erwartet im Gegenzug Mitleid und Hilfe.

Der *Retter* spürt eine starke Ambition, für andere Verantwortung zu übernehmen. Dabei übersieht er, ob jemand überhaupt Hilfe will. Stattdessen erteilt er ungefragt Ratschläge, erstickt andere mit seiner Fürsorglichkeit und tritt oft bevormundend auf.

Der *Verfolger* klagt andere an. Er kritisiert, attackiert, schüchtert ein. In seinem Verhalten zeigt sich der Wunsch nach Kontrolle und Dominanz. Deshalb gibt er gern Befehle und spielt sich als Richter auf.

Während Sie dies lesen, überlegen Sie vermutlich schon, ob es Personen in Ihrem Leben gibt, die Ihnen in diesen Rollen begegnen. Vielleicht grübeln Sie auch insgeheim, ob Sie selbst manchmal zu solchen Rollen neigen. Das ist gut möglich. Jeder Mensch hat da eine bestimmte Präferenz, bevorzugt also einen bestimmten Rollentypus, solange er

Psychospiele nicht grundsätzlich aus seinem Leben verbannt hat. Erkennen Sie sich in einer Rolle wieder? Oder gleich in mehreren?

Jedes Dramaspiel entwickelt eine interessante Dynamik: Im Verlauf des Spiels wechseln die Beteiligten die Rollen. Folgendes Szenario ist denkbar: Gegenüber einem Opfer nehmen Sie zunächst die Retterrolle ein. Dadurch könnte sich das Opfer allerdings bedrängt fühlen und rebellieren. Greift es Sie dann im Verfolgermodus an, machen Sie sich klein und verwandeln sich selbst in ein Opfer. Damit ist das Spiel aber noch lange nicht beendet. Unweigerlich kommen Sie in jedem Psychospiel an einen Punkt, wo Sie Wut und Ärger spüren. Dann halten Sie es nicht mehr aus. Sie explodieren und werden nun zum Verfolger, der sein Gegenüber angreift. Es wird also immer zu einem Changieren zwischen den Rollen kommen. Ein Spiel ohne Grenzen.

Warum werden Dramaspiele gespielt?

Die Muster für destruktive Psychospiele entstehen in der frühen Kindheit. Werden Kindern Liebe und Zuwendung vorenthalten, erleben sie das als großes Unglück. Sie fühlen sich übersehen, vernachlässigt, abgelehnt. Um die verweigerte Liebe und die fehlende Aufmerksamkeit dennoch zu bekommen, entwickeln Kinder daraufhin auffällige Interaktionsmuster. Sie quengeln und jammern, legen sich schreiend auf den Boden oder werfen mit Gegenständen, um sich bemerkbar zu machen. Es sind letztlich Verzweiflungstaten. Das beschert ihnen zwar keine positive Zuwendung, doch selbst negative Beachtung in Form von Schimpfen, Tadeln oder sogar körperlicher Gewalt ist ihnen lieber, als ignoriert zu werden. Hauptsache, sie spüren irgendeine Form von Nähe.

Auch Kinder aus sogenannten »normalen Familien« erleben häufig keine sicheren Bindungen. Um wahrgenommen zu werden, mussten sie manipulativ vorgehen und zeigten ein Verhalten, das von der Norm abwich. Diese Erfahrung ist prägend. Aus dem Leid heraus verfestigen sich neurotische Beziehungs- und Interaktionsmuster, die im Erwachsenenleben zwanghaft wiederholt werden. Destruktive Psychospieler versuchen daher alles, um Aufmerksamkeit, Nähe und Zuwendung zu erheischen. Solange sie ihre persönliche Entwicklung nicht aufarbeiten, werden sie immer wieder in ihre negativen Muster zurückfallen – oder von anderen in Dramaspiele verstrickt werden.

Die Opferrolle

Gestartet wird ein Dramaspiel fast immer durch Abwertungen. Geht das Spiel vom Opfer aus, sagt es zum Beispiel: »Ich bin so ein Idiot, ich kriege nichts auf die Reihe, mich mag keiner.« Manchmal erfolgt der Auftakt auch durch die Entwertung anderer: »Meine Freundin ist so gemein, meine Kollegen sind Egoisten, alle lassen mich im Stich.« Die Botschaft dabei ist eindeutig: Opfer möchten gerettet werden. Also suchen sie eine Person, die sich als rettender Helfer eignet. Steigt das Gegenüber auf den versteckten Hilferuf ein, nimmt das Spiel seinen Lauf.

Die Selbstabwertung hat eine strategische Bedeutung. Sehr erfolgreich erweckt das Opfer den Eindruck, alle anderen hätten es besser. Das defizitäre Selbstbild des Opfers bringt sein Umfeld zu der Annahme, man sei ihm etwas schuldig. Da sich das Opfer generell ungerecht vom Leben behandelt fühlt, fordert es das Recht auf »Wiedergutmachung«. Die will es jedoch nicht aus eigener Kraft herbeiführen. Stattdessen erwartet das Opfer, dass sich Partner, Freunde oder Kollegen um seine Belange kümmern.

Eine grundsätzliche Verbesserung seiner Lebensumstände strebt das Opfer jedoch gar nicht an – dann wäre das Spiel um Aufmerksamkeit ja vorbei. Deshalb kultiviert es seine Rolle und bindet auf diese Weise andere an sich.

Wie Sie die Opferrolle bei sich und anderen erkennen:

- Opfer wirken unschuldig, hilflos, zu kurz gekommen, wenig belastbar, schutzbedürftig.
- Sie jammern und klagen viel.
- Sie wollen keine Verantwortung übernehmen, sondern schieben alles von sich weg.
- Die Körpersprache wirkt reduziert, kraftlos; sie machen sich klein und bewegen sich kaum.
- Die Stimme wird leise, klagend, unsicher.

Beobachten Sie sich, wie Sie in Konfliktsituationen agieren. Könnte es sein, dass Sie manchmal unbewusst in die Opferrolle fallen? Das wäre durchaus verständlich. Es ist ja auch einfacher zu klagen, als die Probleme beim Schopf zu packen. Achten Sie auf alle Details: auf Ihre körperlichen Reaktionen, auf Ihre Stimme, auf Ihre Worte. Strahlt Ihr Körper Kraft oder Schwäche aus? Klingt Ihre Stimme fest und selbstsicher oder dünn und kindlich? Neigen Sie dazu, sich über andere zu beschweren und Ihr Los zu bejammern? Oder stehen Sie zu dem, was Sie sind und was Sie tun?

Dieselben Beobachtungen können Sie auch bei anderen anstellen. Möglicherweise kennen Sie Menschen, die in

Ihrer Gegenwart ständig lamentieren. Seufzend erzählen sie, was ihnen wieder Schlimmes passiert ist, und erwarten, dass Sie in Mitleid zerfließen. Das tun Sie wahrscheinlich auch. Man will ja kein Unmensch sein. Wenn Sie dann noch das Gefühl haben, Sie müssten diesem Opfer etwas Gutes tun, es bemuttern, verwöhnen oder ihm eine unangenehme Sache abnehmen, sind Sie mittendrin: in einem Dramaspiel.

Was macht die Opferrolle eigentlich attraktiv?

Für Opfer gibt es einige Spielgewinne. Ja, sie profitieren davon, dass sie als Opfer wahrgenommen werden. Schwäche ruft in unserer Gesellschaft recht zuverlässig den Helferreflex hervor. Schließlich bezeichnen wir uns gerne als eine Solidargemeinschaft. Der Staat kümmert sich um die Benachteiligten, die Bürger sind aufgefordert, Schwache durch Steuern oder Spenden zu unterstützen. Im Privaten ist es ebenso selbstverständlich, dass wir einander helfen. Wer würde schon die beste Freundin abblitzen lassen, die soeben von ihrem Mann verlassen wurde und heulend anruft?

Diese altruistische Grundeinstellung wird in Opferspielen weidlich strapaziert und ausgenutzt. Denn den Opfern geht es allein um Beachtung und Zuwendung, die sie förmlich erzwingen. In der Regel bekommen sie auch, was sie wollen. Schließlich wirken sie so unschuldig, hilfsbedürftig und liebenswert, dass man ihnen einfach nicht widerstehen kann. Kaum jemand käme auf die Idee, dass die Opferhaltung zum sanften Terror werden kann. Wer sich schwach gibt, wirkt nicht bedrohlich. Er ist kein Konkurrent, kein

Intrigant, so die allgemeine Auffassung – nur ein bemitleidenswertes Opfer. Und doch sind Opferspiele äußerst destruktiv. Schauen Sie sich folgende Geschichte an.

Mutter und Tochter im Dramadreieck

Claudia, 43, liegt ganz entspannt zu Hause auf ihrer Couch. Das Handy klingelt. Es ist Claudias Mutter, die sofort anfängt zu jammern: Sie habe einen alten Kleiderschrank geschenkt bekommen, finde aber niemanden, der ihr den Schrank abbeizt und neu streicht. »Das ist typisch«, klagt sie. »Ich bin eben eine alte, einsame Frau, der keiner hilft.«

Noch bleibt Claudia ruhig. Spontan fällt ihr ein Ratschlag ein: »Du, Mami, kauf doch einfach einen neuen Schrank, dann sparst du dir die aufwendige Restaurierung.« Daraufhin wird ihre Mutter ärgerlich. Mit schriller Stimme ruft sie: »Also, ich habe es nicht nötig, mir von meiner eigenen Tochter sagen zu lassen, was ich zu tun habe!« Ihr Ton ist scharf geworden, sie spricht schnell und erregt.

Plötzlich spürt Claudia, wie sie sich verkrampft. Ihre Kehle wird eng, sie bekommt kaum noch Luft. Wie eine Katze rollt sie sich auf der Couch zusammen, als müsse sie sich nicht nur vor verbalen, sondern auch vor körperlichen Angriffen schützen. »Das ist total ungerecht, Mami. Ich habe es doch nicht so gemeint«, piepst sie mit hoher Stimme. Ihre Mutter fängt an zu schluchzen: »Immer stehe ich mit allem allein da. Es ist zum Verzweifeln.«

Schuldgefühle überwältigen Claudia. Schweren Herzens beschließt sie, ihrer Mutter zu helfen. »In Ordnung«, lenkt sie ein. »Am Wochenende kann ich vorbeikommen und den Schrank restaurieren.« Das sagt sie mit matter Stimme, wider Willen und mit dem schlechten Gefühl, eine lästige Pflicht erledigen zu müssen. Eigentlich hatte sie sich auf ein freies Wochenende mit ihrem Freund gefreut. Pustekuchen.

Die manipulative Technik hinter dem Gespräch

Was Claudia erlebt, ist ein klassisches Dramaspiel. Unbewusst wollte die Mutter ihre Tochter emotional erpressen, um eine Hilfeleistung und damit Aufmerksamkeit und Zuwendung zu bekommen. Das Spiel startet mit Selbstabwertung, mit Gejammer und Selbstmitleid: »Ich bin eben eine alte, einsame Frau, der keiner hilft.« Damit hat die Mutter ihre Rolle für die erste Phase des Spiels definiert: die Opferrolle.

Ahnungslos steigt Claudia auf das Dramaangebot ihrer Mutter ein. Erst verhält sie sich als Retterin und gibt einen ungebetenen Rat. Mit ihrem Vorschlag, einfach einen neuen Schrank zu kaufen, kommuniziert sie: »Ich weiß viel besser als du, was gut für dich ist. Ich löse deine Probleme, weil du es allein nicht kannst.« Daraufhin wird ihre Mutter ärgerlich. Nun ist sie nicht mehr das Opfer, das über den Umweg des Klagens nach Hilfe verlangt, stattdessen wechselt sie in den Verfolgermodus. Als die Mutter aggressiv reagiert, geht Claudia in die Opferrolle: »Ich habe es nicht so gemeint.« Mit diesem Satz weist sie die Verantwortung für das Gesagte zurück. Mit ihrer hohen, kindlich wirkenden Stimme appelliert sie an die Mutter, sie als hilfloses Opfer zu sehen und nicht weiter zu attackieren. Unwillkürlich nimmt sie auch körperlich die Opferhaltung ein und rollt sich auf der Couch zusammen. Weitere Rollenwechsel folgen.

Alle drei Rollen sind also in diesem Spiel vertreten: Opfer, Retter, Verfolger. Hätte Claudia nicht eingelenkt, wäre vermutlich ein Streit losgebrochen, in dem sie selbst vorübergehend die Verfolgerrolle eingenommen hätte: »Kümmere dich gefälligst um deinen eigenen Kram, Mami! Du bist unausstehlich! Lass mich in Ruhe!«

Es gibt kein Schwarz und Weiß in diesen Spielen, kein Gut und kein Böse. Je nach Spielverlauf wechseln die Rollen. Deren destruktive Wirkung bleibt aber immer gleich: Keiner der Beteiligten sagt, was er wirklich möchte, was ihn im Innersten bewegt. Keiner hat dabei gute Gefühle. Nur Missempfindungen, die sich in Klagen, Vorwürfen, Schuldzuweisungen und Schuldgefühlen äußern. Das ist die große Gefahr bei Dramaspielen. Sie beschädigen die Selbstwahrnehmung und das Selbstwertgefühl. Was man auch sagt oder tut, aus jedem Problem ergibt sich gleich das nächste. Man dreht sich im Kreis.

In solchen Psychospielen gibt es keine Sieger, nur Verlierer. Claudia springt über ihren Schatten und verleugnet ihre eigenen Bedürfnisse. Das wird sie auf Dauer zutiefst frustrieren. Aber auch ihre Mutter verliert. Denn eine Mutter, die nicht offen über ihre Sehnsucht nach mehr Aufmerksamkeit spricht und Zuwendung stattdessen durch ein Dramaspiel erpresst, erhält keine Liebe, nur erzwungene Leistungen. Eine starke emotionale Entfremdung von Mutter und Tochter ist unausweichlich. So sind am Ende beide Opfer – das Ergebnis aller Dramaspiele.

Der Ausstieg aus dem Dramaspiel

Was wäre eine adäquate Reaktion auf die Dramaangebote der Mutter gewesen? Wenn Claudia wüsste, wie Dramaspiele funktionieren, hätte sie sich völlig anders verhalten.

Sie hätte sich abgrenzen können, ohne unfreundlich zu sein. Schon körperlich hätte sie eine eigenständige Position eingenommen. Bei den ersten Worten der Mutter hätte sie sich aufrecht hingesetzt, selbstbewusst und voller Energie. Nach der Geschichte mit dem Schrank hätte sie dann fragen können: »Möchtest du meinen Rat?«

Das ist eine klare, dramafreie Frage. Weder abweisend noch bevormundend, weder mitleidig noch aggressiv. Auf diese Frage kann die Mutter nur mit Ja oder Nein antworten, nicht mit neuerlichen Klagen. Und nur dann, wenn sie Ja gesagt hätte, wäre der Rat angebracht gewesen, einen neuen Schrank zu kaufen. Letztlich geriet Claudia also bereits mit ihrem ersten Vorschlag in die Falle des Dramaspiels. Indem sie die bevormundende Retterin spielte, provozierte sie ihre Mutter. Die fühlte sich überfahren und reagierte aggressiv. Und schon drehte sich das Rollenkarussell.

Das vollkommen verunglückte Gespräch zeigt, wie zerstörerisch Dramaspiele wirken. Claudias Mutter triumphiert scheinbar. Sie bekommt, was sie will, allerdings um den Preis echter freiwilliger Tochterliebe. Claudia hingegen verzichtet auf Eigenständigkeit, auf ihre Bedürfnisse, auf die Zweisamkeit mit ihrem Freund. Sie hat sich verbogen, überzeugt, sie müsse es ihrer Mutter irgendwie recht machen. Solche Dramaspiele vergiften die Beziehungen. Sie können sich über Jahre hinziehen, bis am Ende nur noch ein Trümmerfeld übrig ist.

Aus der Perspektive der Mutter, die das Dramaspiel gestartet hat, ergibt sich die Lösung aus einer veränderten Haltung zur Tochter. Der Mutter mangelt es an der Fähigkeit, Claudia »erwachsen« um Hilfe bitten zu können. Sie kommuniziert nicht offen: »Ich möchte, dass du mir bei der

Restaurierung des Schranks hilfst.« Stattdessen klagt sie über das Problem und erwartet, dass ihre Tochter rettend eingreift. Dramafreie Kommunikation bedeutet hier also, dass jeder seine Wünsche klar formuliert und dann ebenso dramafrei mit einem Ja oder Nein umgeht.

Die Retterrolle

Wie man in diese Rolle gerät, haben Sie in unserem Fallbeispiel bereits gesehen. Oft wird sie durch ein Opfer-Gegenüber aktiviert. Spontan fühlt man sich aufgefordert, jemandem beizuspringen. Daran ist zunächst einmal nichts Schlechtes. Nur mit dem Haken, dass man bei einem Psychospiel keine freien Entscheidungen treffen kann. Solange man es nicht durchschaut, befindet man sich auf dem Terrain der unbewussten Manipulation.

Es gibt aber auch Retter, die sich ihre Opfer wählen. Sie neigen dazu, im Anderen vor allem Schwächen zu sehen, sogar in Menschen, die gar keine Schwächen haben. Retter sagen: »Ich sehe, dass es dir schlecht geht, ich weiß, was gut für dich ist.« Ihr Opfer überschütten sie mit besorgten Fragen und guten Ratschlägen. Sie übernehmen die Verantwortung für andere, weil sie zu wissen meinen, was die anderen brauchen. Dafür erwarten sie Dankbarkeit und Zuwendung.

Wie Sie die Retterrolle bei sich und anderen erkennen:

- Retter wirken stark und ausgeglichen, hilfsbereit und großzügig.
- Sie fühlen sich gebraucht, aufgewertet und wichtig.

- Sie bevormunden andere, weil sie ungebetene Ratschläge über den Kopf des Gegenübers hinweg erteilen.
- Sie sprechen mit besorgter, beschwörender Stimme, manchmal auch ermahnend.

Einen Retter zu durchschauen, hat leider etwas mit Entzauberung zu tun. Es ist nicht angenehm, im hilfsbereiten Kollegen oder in der fürsorglichen Freundin einen Psychospieler zu erkennen. Schließlich brauchen wir Menschen, auf die wir uns verlassen können, die uns unterstützen, uns den Rücken stärken. Doch genau das tut der typische Retter nicht. Stattdessen manövriert er andere in eine unselbstständige, infantile Haltung. Das Gegenüber nimmt dann die Opferrolle ein und verharrt darin. Wird die bevormundende Fürsorge dem Opfer zu viel, rebelliert es und wechselt in die angriffslustige Verfolgerrolle.

Was macht die Retterrolle eigentlich attraktiv?

Die Retterrolle ist gesellschaftlich extrem akzeptiert und deshalb natürlich auch besonders schwer zu durchschauen. Wer gefällt sich nicht in der Rolle des strahlenden Helden, der anderen hilft, ihre Probleme anpackt, Lösungen vorschlägt? Der Retter läuft sozusagen mit einem Heiligenschein herum. Da wir heute großen Wert auf soziale Kompetenzen legen, ist er oft ein beliebter Mensch. Man lobt ihn für sein Verantwortungsbewusstsein, man bewundert ihn für seinen Altruismus.

Dass hinter den Aktionen des Retters andere als selbstlose Motive stehen könnten, ist ein ungewohnter Gedanke. Und doch verfolgen Retter unbewusste Absichten, etwa, in

ihrer Rolle Ansehen, Vertrauen und enge Beziehungen auf-
zubauen. Indem sie sich unentbehrlich machen, beanspruchen sie eine exponierte Position innerhalb ihres Umfelds,
sei es privat, gesellschaftlich oder im Job. »Ohne mich bricht
alles zusammen«, sagen sie mit einigem Stolz. »Ohne mich
ständen die anderen dumm da.«

Auch Retter sind vor Rollenwechseln nicht gefeit. Sie
können sogar in extremer Weise zum Opfer werden.
Schauen Sie sich das folgende Dramaspiel an: die Tragödie
der selbsternannten Retterin.

Whitney Houston, die tragische Dramaqueen

Jeder kennt Whitney Houston, die begnadete amerikani-
sche Sängerin, die von Millionen geliebt wurde. Aufge-
wachsen in einem streng christlichen Elternhaus, sang sie
als Kind im Kirchenchor und legte früh eine nahezu kome-
tenhafte Karriere als Popdiva hin. Sie war schön, sie war
hoch talentiert, ihre Fans lagen ihr zu Füßen. So hätte es
immer weitergehen können, wenn sie nicht eines Tages
Bobby Brown begegnet wäre: einem gut aussehenden, wenn
auch skandalumwitterten R'n'B-Sänger, berüchtigt für seinen kriminellen Umgang, für Alkoholpartys und Drogen-
exzesse.

Das Good Girl war fasziniert vom Bad Boy. Ein schönes
Beispiel für die Regel, dass Gegensätze einander anziehen.
Die beiden verliebten sich, heirateten. Doch Whitney
Houston, geprägt vom Ethos der helfenden Nächstenliebe,
bangte um ihren Mann und wollte ihn von seinen riskanten
Lastern erlösen. Schließlich hatte sie durch ihre Erziehung
eine klare Vorstellung von Richtig und Falsch. Sie glaubte

zu wissen, was gut für ihren Mann sei, deshalb ging sie in den Rettermodus.

Nun begann der tragische Abstieg. Bobby Brown wollte für seine Frau keineswegs das arme, hilfsbedürftige Opfer sein. Ohnehin litt er darunter, dass sie erfolgreicher und prominenter war als er. Er fühlte sich unterlegen. Deshalb musste er Stärke demonstrieren. Bewusst hatte er sich für das wilde, exzessive Leben entschieden und dachte gar nicht daran, sich ändern zu lassen. Zunehmend sah er sich von seiner Retterin belästigt. Bald hatte er seine Rolle in diesem Psychospiel gefunden: Er wurde zum Verfolger. Unausgesetzt beschimpfte und demütigte er seine Frau, spuckte sie an, wurde vermutlich auch handgreiflich, machte sie schließlich drogensüchtig. Aus der strahlenden Retterin wurde ein geprügeltes Opfer.

Bei der US-Talkerin Oprah Winfrey sagte Whitney Houston nach ihrer Scheidung: »Er hasste mich, weil ich ihn so sehr liebte.« Man könnte auch sagen: Er hasste sie, weil sie ihn als Opfer betrachtete, dem geholfen werden musste. So kam es zu dem fatalen Rollenwechsel, der Whitney Houston vollkommen zerstören sollte. Durch ihre Retterambition provozierte sie Bobby Brown. Und je mehr seine Frau ihm suggerierte, eine starke, überlegene Retterin zu sein, desto größer wurde seine Wut. So drängte er sie in die Opferrolle, um sich nicht selbst als Opfer zu fühlen. Am Ende war die Sängerin körperlich und psychisch ein Wrack. Selbst diverse Entziehungskuren konnten ihr nicht mehr helfen. Mit nur 48 Jahren ertrank Whitney Houston in einer Badewanne, zerrüttet vom Drogenmissbrauch.

Die manipulative Technik hinter der Tragödie

Die Lebensgeschichte von Whitney Houston ist erschütternd, und zugleich ist es äußerst aufschlussreich, diese Beziehung unter dem Aspekt des Dramadreiecks zu analysieren. In extremer Weise zeigt die desaströse Ehe alle Symptome eines Psychospiels, in dem es nur Verlierer geben kann. Whitney Houston wurde zum Opfer, weil sie unbewusst die Retterrolle eingenommen hatte, mit allen negativen Nebenwirkungen.

Wie immer startete das Spiel mit einer Abwertung: Für Whitney Houston schien es unbestreitbar, dass ihr Mann ein wertloses Leben lebte, gefangen in Süchten und Partyexzessen. Durch ihren baptistisch geprägten Hintergrund betrachtete sie die Alkohol- und Drogenabhängigkeit ihres Mannes vermutlich weniger als Krankheit, sondern als Charakterfehler. Er war für sie in dieser Hinsicht ein Loser und wurde zum karitativen und therapeutischen Projekt. Von nun an hatte er keine Chance mehr, ein Ehemann auf Augenhöhe zu sein.

Sehr wahrscheinlich wollte Whitney Houston bewusst oder unbewusst eine starke Bindung zu ihrem leichtlebigen, labilen Mann herstellen. Immerhin war Bobby Brown ein von vielen Frauen umschwärmter Sänger, es gab also einige weibliche Konkurrenz. Und Whitney Houston wollte eine wichtige Rolle in seinem wilden Leben spielen, die zentrale Rolle schlechthin. Durch ihre Retterambition glaubte sie, ein unlösbares Band zwischen sich und ihrem Mann zu knüpfen, denn natürlich erwartete sie Dankbarkeit. Ein typisches Opfer hätte ihr diese Genugtuung auch sicherlich verschafft. Es hätte sich loyal, dankbar und tendenziell unterordnend verhalten. Die Drogenabhängigkeit ihres Mannes wäre in eine emotionale Abhängigkeit übergegangen.

Doch die Krux der Retterrolle zeigte sich schnell: Retter bringen unwirksame Hilfe, wenn sie sich über die Bedürfnisse ihres Gegenübers hinwegsetzen. Es interessiert sie nicht, ob jemand Hilfe will oder welche Hilfe er bevorzugen würde. Sie ziehen einen Plan durch, ohne Rücksicht auf das vermeintliche Opfer. Deshalb war Whitney Houstons Hilfsaktion zum Scheitern verurteilt. Sie unterschätzte den Freiheitsdrang ihres Mannes, vor allem seine Sehnsucht nach Überlegenheit. In dieser Logik blieb ihm nichts anderes übrig, als die dominante, überstarke Frau an seiner Seite zu brechen: durch Abwertung, Demütigung und Drogen.

Das Drama dieser Beziehung war es, dass Whitney Houston ihre Rolle nie reflektierte. Ihr Statement: »Er hasste mich, weil ich ihn so sehr liebte«, ist ein Beleg für diese fatale Ignoranz. Was sie unter Liebe verstand, war mütterliche Besorgtheit, mit der sie das Selbstwertgefühl ihres Mannes untergrub. Daraufhin fühlte sie sich missverstanden – eine typische Reaktion des zurückgewiesenen Retters. Sie begriff nicht, dass sie seine Unsicherheit verstärkte.

Es war bereits eine narzisstische Kränkung für Bobby Brown gewesen, dass seine Karriere bei Weitem nicht an die Erfolge seiner Frau heranreichte. Dass sie aber auch noch in der Beziehung die starke Übermutter spielen wollte, provozierte ihn und trieb ihn in die Verfolgerrolle. Geschadet hat dieses Dramaspiel beiden. Als Musiker macht Bobby Brown heute weniger von sich reden als durch seine wiederholten Entziehungskuren.

Der Ausstieg aus dem Dramaspiel

Der Ausstieg aus einer derart tragischen Paarkonstellation scheint fast unmöglich. Von Anfang an gab es ein emotionales Kräftemessen zwischen den beiden Sängern. Auch die öffentliche Wahrnehmung der beiden – die Schöne und das Biest – wird wenig hilfreich gewesen sein. Whitney Houston war durch ihr strahlendes, skandalfreies Image vor der Ehe von vornherein die engelgleiche Lichtgestalt und ihr Mann der Teufel. In ihrer Retterrolle übersah sie das Wesentliche: Der Retter erzeugt entweder Passivität oder Angriffslust durch seine übertriebene Fürsorge. In diesem Falle sogar beides. Denn Bobby Brown weigerte sich, überhaupt etwas gegen seine Suchtkrankheiten zu tun, gleichzeitig wurde er aggressiv.

Die einzige dramafreie Lösung wäre gewesen, wenn sich beide klar von dem Dramaspiel distanziert hätten. Mit anderen Worten: Sie hätten sich ihrer Rollen bewusst werden müssen. Dann hätte Whitney Houston ihre vereinnahmende Retterrolle aufgeben können, und Bobby Brown hätte nach der Verweigerung der Opferrolle nicht zum Verfolger werden müssen.

Das klingt plausibel. Im wirklichen Leben ist diese Lösung allerdings unrealistisch, solange zwei Menschen völlig ahnungslos in ihrem Psychospiel gefangen bleiben. Jeder fühlt sich im Recht. Jeder möchte recht behalten. Dieses konfrontative Verhalten befeuert das Psychospiel noch. Möglicherweise hätte eine Paartherapie den beiden die Augen für die Spielmechanismen geöffnet. Doch das ist reine Spekulation. Schauen wir uns deshalb an, wie eine ähnlich prominente Sängerin den Ausstieg schaffte.

Tina Turner – das Ende eines Dramaspiels

Ike und Tina Turner waren das gefeierte Traumpaar der Sechziger- und Siebzigerjahre. Zwei Vollblutmusiker, hoch talentiert, mit unverwechselbaren Soulstimmen. Ihre Bühnenauftritte knisterten vor sinnlicher Erotik. Man bejubelte sie als Dreamteam. Hinter den Kulissen sah es anders aus. Von Anfang an wollte der drogensüchtige Ike Turner seine Frau dominieren. Er schrieb ihr vor, welche Passagen sie zu singen hatte, diktierte ihre Bühnenoutfits, kontrollierte sie, hielt sie klein, demütigte sie. Ein klassischer Verfolger. Regelmäßig schlug er sie, vergewaltigte sie im Drogenrausch, betrog sie mit anderen Frauen.

Lange akzeptierte Tina Turner ihre Opferrolle. Geduldig ertrug sie die Exzesse, die Gewalt, die Herabsetzung, emotional gefesselt an das Psychospiel. Den Absprung schaffte sie nach einer besonders schweren Misshandlung. 1976 verließ sie ihren Mann und reichte die Scheidung ein. Zunächst sah es so aus, als ob sie weiterhin ein Opfer sei. Ihre Solokarriere kam nicht richtig in Gang, zudem hatte sie für eine schnelle Scheidung auf sämtliche Musikrechte der gemeinsamen Zeit verzichtet.

Doch sie blieb kein Opfer – stattdessen entwickelte sie sich weiter. Durch ihre Hinwendung zum Buddhismus, durch Selbsterkenntnis und Meditation fand sie zu ihrem einstigen starken Ich zurück. Während ihr Exmann in der Bedeutungslosigkeit versank, absolvierte sie eine beispiellose internationale Karriere. Die Feuerprobe stand ihr allerdings noch bevor.

Eines Abends drang Ike Turner während einer Konzertpause in ihre Garderobe ein, bewaffnet mit einer Pistole. Da war es wieder, das Dramaspiel. Verfolger und früheres

Opfer standen sich gegenüber. Dies war der Moment, in dem Tina Turner endgültig ausstieg. Statt die Angst und Panik eines Opfers zu zeigen, stellte sie sich aufrecht hin und sagte: »Erschieß mich, los doch.« Völlig verwirrt ließ Ike Turner die Pistole sinken. Er hatte das Dramaspiel verlängern wollen, musste jedoch feststellen, dass es keine Mitspielerin mehr gab. Vor ihm zitterte nicht mehr das furchtsame, eingeschüchterte Opfer von einst, vor ihm stand eine starke, in sich gefestigte Frau. Wortlos schlich er aus der Garderobe.

Die Verfolgerrolle

Verfolger sind am leichtesten auszumachen, weil sie extrem negative, aggressive Verhaltensweisen an den Tag legen. Zum Beispiel, wenn der Chef Sie zusammenbrüllt. Oder wenn Ihnen die beste Freundin eine Riesenszene macht, weil Sie sich angeblich zu wenig um sie kümmern.

Aber auch Sie selbst agieren möglicherweise manchmal im Verfolgermodus. Der Grund liegt immer in Dramaspielen, durch die sich Wut und Ärger in Ihnen anstauen. Entweder verschaffen Sie sich dann innerhalb des Spiels Luft, oder Sie fressen Ihren Ärger so lange in sich hinein, bis es den Falschen erwischt. Sie sind einfach so geladen, dass Sie wie aus heiterem Himmel einem wildfremden Autofahrer den Mittelfinger zeigen oder die Kassiererin im Supermarkt anfahren, weil sie so langsam ist.

Wie Sie die Verfolgerrolle bei sich und anderen erkennen:

- Verfolger wirken stark, aber auch abwertend, kalkulierend, arrogant.

- Sie sind auf sich selbst bezogen und desinteressiert an anderen.
- Bei anderen lösen sie Schuldgefühle, Unsicherheit und Ängste aus.
- Verfolger sprechen häufig laut und schnell, die Körpersprache ist dominant und einschüchternd, begleitet von heftigen Gesten.

Verfolger sind weder herzlos noch böse. Vielmehr überspielen sie ihre Ängste, indem sie rücksichtslos ihre Meinungen und Ziele durchsetzen. Sie wollen Kontrolle und Dominanz, weil sie befürchten, sonst nicht adäquat wahrgenommen und anerkannt zu werden. Sie sind mit ihrer Geduld am Ende. Sie explodieren förmlich. Nichts findet Gnade vor ihren gestrengen Augen. Verfolger überrumpeln ihre Opfer, bringen sie aus der Fassung. Die erste Reaktion ist meist Schockstarre. Dann kommen die Schuldgefühle: Um Gottes willen, ich habe alles falsch gemacht! Ich bin ein schlechter Mitarbeiter, ein katastrophaler Freund, ein absoluter Versager!

Merken Sie's? Wer Verfolgerspiele nicht durchschaut, sucht den Grund für die Angriffe bei sich selbst. Verfolger schaffen es mühelos, andere kleinzukriegen. Auf einmal fühlt man sich wertlos, unfähig, dumm. Diese Dramaspieler erkennen instinktiv, wo die Unsicherheiten des Gegenübers liegen. Schließlich strotzt nicht jeder vor Selbstbewusstsein. Selbst scheinbar starke Mitmenschen haben geheime Selbstzweifel. Verfolger wissen das und schlagen zu.

Was macht die Verfolgerrolle eigentlich attraktiv?

Wer schreit, hat unrecht, heißt es. Doch Verfolger müssen nicht notgedrungen einen Riesentumult veranstalten. Oft treten sie als autoritäre Machtmenschen auf, die Furcht verbreiten, um respektiert zu werden. Man duldet sie, weil ihre Einschüchterungstaktik und ihre verletzende Kritik als legitime Mittel erscheinen. Oft hält man sie für die geborenen Führungspersönlichkeiten.

Besonders in der politischen Sphäre gehören Verfolgerarchetypen zur Tagesordnung. Gezielte Angriffe sind geläufige Strategien, um den politischen Gegner zu diskreditieren. Dabei geht es von vornherein nicht um Kooperation, sondern Konfrontation. Wer das Spiel der Diffamierung spielt, gilt häufig als meinungsstark und mutig. »Der nimmt kein Blatt vor den Mund«, heißt es dann. »Der traut sich, mal richtig vom Leder zu ziehen.« Doch ganz gleich, ob ein Verfolger offen oder etwas subtiler zuschlägt – in jedem Fall verbreitet er Angst. Das ist der Kitt, mit dem er Beziehungen mit einem klaren Machtgefälle aufbaut.

Nicht nur Personen, auch Gruppen, Verbände, ja ganze Staaten können die Verfolgerrolle einnehmen, wie das folgende Beispiel zeigt.

Die USA in einem kriegerischen Dramaspiel

Der 11. September 2001 ging als schwarzer Tag für die freie Welt in die Geschichte ein. Als das New Yorker World Trade Center in Schutt und Asche lag, zerstört durch Al-Qaida-Terroristen, fand sich einer der mächtigsten Staaten der Welt völlig unerwartet in der Opferrolle wieder. Ein Aufschrei ging durch das Land. Gefordert wurde Vergeltung, oder besser noch die finale Zerschlagung des fundamentalistischen Terrors.

Fieberhaft wurde an entsprechenden Strategien gearbeitet. Auf keinen Fall wollte God's Own Country weiterhin als Opfer und damit als Verlierer dastehen. Die Bush-Regierung handelte. 2003 erklärte sie dem Irak den Krieg, weil man Saddam Hussein die Unterstützung der Terrororganisation Al-Qaida vorwarf. Auch verbal ging man in die Angriffshaltung. Verteidigungsminister Donald Rumsfeld sprach vom Ziel einer schnellen »Enthauptung« der irakischen Regierung. Außenminister Colin Powell präsentierte der UN vor Kriegsbeginn »Anklagepunkte« gegen den Irak.

Darin enthüllte sich eine klare Verfolgerstrategie: beschuldigen, anklagen, entwerten, bedrohen. Aus dem Opfer USA wurde ein erbitterter Verfolger, der sich zugleich als Retter stilisierte: Man wolle nicht nur den bedrohten Westen schützen, sondern auch die arabischen Staaten vom Terror und den Irak von der Diktatur erlösen. So nach dem Motto: mal eben schnell die Welt retten. Mit großem militärischem Aufwand war diese Intervention vorbereitet worden. Millionen Menschen erlebten daheim am Fernseher mit, wie Kampfgeschwader über den Irak hinwegrasten, wie Raketen explodierten, ganze Städte in Trümmern lagen. Ein Verfolgerspiel mit katastrophalen Auswirkungen.

Die manipulative Technik hinter dem Krieg

Die Bush-Regierung wusste, dass ihre Kriegserklärung völkerrechtlich heikel war. Außerdem mutmaßten Kritiker, hier gehe es in Wahrheit um einen Ressourcenkrieg, mit dem sich die USA Zugang zu den irakischen Ölquellen sichern wollten. Insofern war die Mischung aus Verfolger- und Retterrolle eine Taktik, die öffentliche Meinung zu manipulieren. Bush setzte auf diese Variante, weil er die Mentalität der amerikanischen Bevölkerung kannte. Viele US-Bürger haben den Mythos des hart durchgreifenden Sheriffs verinnerlicht, der lieber schießt, als sich mit juristischen Feinheiten aufzuhalten. Der führungsstarke Mann, das ist noch heute für viele Amerikaner der beherzte Retter mit knallharten Verfolgermethoden.

Ein Psychospiel wurde gestartet. Dafür engagierte die Regierung eigens PR-Profis, unter anderem Berater der Agentur Rendon Group. Alles zielte darauf ab, den Irak keinesfalls als Opfer eines Angriffs dastehen zu lassen, sondern als potenziellen Aggressor. Das wertete den Irak ab und das Vorgehen der USA auf. Der Retter-Verfolger konnte sich in seiner angestammten Rolle als »Weltpolizist« inszenieren, als »good cop«. Nur so ließen sich sowohl der Militäreinsatz als auch die Bewilligung eines riesigen Budgets politisch durchsetzen.

Heute weiß man, dass die kommunizierten Begründungen für den Krieg nicht der Realität entsprachen. Die Unterstellung, Saddam Hussein lasse Massenvernichtungswaffen herstellen, erwies sich später als haltlos. Auch der Vorwurf, er kooperiere mit der Al-Qaida, war eher eine Spekulation gewesen als eine beweisbare Tatsache. Hätte man diese Punkte vor der Kriegserklärung zugegeben, wären die USA ausschließlich als rachsüchtige Verfolger wahrgenommen worden. So aber konnte sich die Bush-Regierung zugleich als Retter aufspielen und mit der Zustimmung der Bevölkerung rechnen.

Der Ausstieg aus dem Dramaspiel

Kriege zu führen, hat sich für die USA seit dem Zweiten Weltkrieg immer wieder als zweifelhaftes politisches Mittel erwiesen. Weder die drei Golfkriege noch der Einmarsch in Afghanistan haben etwas zur Deeskalation der Lage im Nahen Osten beigetragen. Auch das Terrorproblem hat sich mit dem IS nur vergrößert. Ein Ausstieg aus dem Verfolgerspiel wäre demnach eine Frage der politischen Vernunft – zumal die USA viele tote Soldaten zu beklagen hatten, was das Land wieder in die Nähe der Opferrolle brachte.

Der Spielausstieg kann auch hier nur gelingen, wenn man sich der Rollenmuster bewusst wird. Im Anschluss müssten die typischen Verfolgerstrategien aufgegeben werden. Dagegen spricht, dass außenpolitische Aggressionen Spielgewinne im eigenen Land bringen. Gemeinsame Feindbilder schmieden zusammen, die Loyalität zur Regierung steigt. Also werden weiterhin Bedrohungen inszeniert, Fronten geschaffen. Die Diffamierung des »Feinds« gehört genauso dazu wie seine Entwertung. Diese konfrontative Politik erschwert natürlich diplomatische und damit friedliche Lösungen.

Lernen kann man jedoch aus diesem Dramaspiel, dass die Akzeptanz von Verfolgern wesentlich davon abhängt, ob sie sich zugleich als Retter präsentieren. Ein Chef, der seinen Angestellten in Verfolgermanier niedermacht, wird daher klugerweise sagen: »Sie sind das Allerletzte! Mit Ihrer Unfähigkeit gefährden Sie das ganze Projekt!« Schon kann er davon ausgehen, dass man ihm den harten Ton nachsieht – angeblich geht es ja um die Rettung des Projekts, nicht um die Diskreditierung des Mitarbeiters. Insofern maskieren sich Verfolger manchmal als Retter, was ihr Spiel dann schwer durchschaubar macht.

Erste Schritte für den Ausstieg aus Dramaspielen

Sie kennen nun die wichtigsten Grundmuster der drei Dramarollen Opfer, Retter und Verfolger. Sie haben gesehen: Niemand kann sein Potenzial verwirklichen, wenn er im Dramadreieck gefangen ist. Niemand entscheidet und handelt selbstbestimmt, wenn er an den unsichtbaren Marionettenfäden anderer hängt.

Wäre es also nicht wunderbar, wenn Sie mit einem wissenden »Ach so« auf Distanz gehen könnten, sobald Sie ein Spiel identifizieren? Ja, es wäre befreiend, Ihrem despotischen Chef auf Augenhöhe zu begegnen, weil Sie seine Verfolgertaktik durchschauen. Ja, es wäre entlastend, wenn Sie sich vor Freunden hüten könnten, die Sie mit ihren Rettungsaktionen ersticken. Und absolut großartig wäre es, wenn Sie endlich aufhören würden, auf Knopfdruck Ihrem Freund mit der Opferhaltung beizuspringen.

Auch viele andere negative Nebenwirkungen der Dramaspiele könnten Sie künftig streichen. Etwa, dass Sie völlig unmotiviert wildfremde Leute abkanzeln. Dass Sie wie aus heiterem Himmel einen Moralischen bekommen und deprimiert auf der Couch sitzen. Oder dass Sie sich für jemanden aufopfern, der Ihnen mehr zumutet, als Sie geben wollen. So lange, bis Sie nicht mehr weiterwissen und an sich selbst zweifeln. All diese Stimmungsschwankungen und Verhaltensauffälligkeiten sind kein Schicksal – sie existieren nur so lange, wie Sie in Dramaspiele verstrickt sind.

Wer die Rollen kennt und sie von sich weist, verliert für den Psychospieler auf der Stelle seinen Reiz. Die neurotischen

Der Ausstieg aus einem Dramaspiel ist immer gleichbedeutend mit dem Ausstieg aus Rollenmusterr.

Interaktionsmuster funktionieren nicht mehr. Damit ist die Wirkmacht des Dramaspiels gebrochen.

Jetzt sind Sie dran. Fragen Sie sich doch mal, welche Menschen Sie in letzter Zeit auf die Palme gebracht haben. Waren es Opfer? Retter? Verfolger? Es ist ausgesprochen spannend, wenn Sie Ihr Umfeld nach diesem Typenmodell durchforsten. Es könnte aber auch sein, dass Sie etwas länger nachdenken müssen. Solange man im Bann der Spiele steht, nimmt man seine eigenen Gefühle oft gar nicht richtig wahr. Irgendwie spürt man zwar Frust, Ärger, Unbehagen, doch man ist viel zu sehr mit der momentanen Rolle beschäftigt, um groß auf Gefühle achten zu können.

Das Gleiche gilt für Ihre eigenen Spiele.

Machen Sie gern andere für Ihre Misserfolge verantwortlich? Ist das Leiden für Sie ein alltäglicher Zustand? Könnte es sein, dass Sie eine resignative Haltung einnehmen, wenn Ihnen alles zu viel wird und Sie nicht mehr weiterwissen? Dann könnten Sie unbemerkt die Opferrolle favorisieren.

Neigen Sie dazu, stets für andere da zu sein? Ihrem Partner, Ihren Freunden, Ihren Kollegen alles abzunehmen und die Probleme anderer zu lösen? Erteilen Sie gern Ratschläge? Sind Sie überkritisch und finden immer das berühmte Haar in der Suppe? Haben Sie das Gefühl, ohne Sie würde nichts klappen? Dann könnte es sein, dass Sie starke Retteranteile in Ihrem Verhalten zeigen.

Oder reißt Ihnen häufig der Geduldsfaden, weil Sie sich über andere ärgern? Unterlaufen Ihnen ungewollt Wutausbrüche, bei denen Sie andere runtermachen und beschuldigen? Weisen Sie andere gern zurecht? Haben Sie manchmal das Gefühl, Sie seien von lauter Idioten umgeben? Dann tragen Sie womöglich eine Verfolgermentalität in sich.

Bevor Sie jetzt ein mulmiges Gefühl bekommen, weil Ihnen überhaupt nicht gefällt, was Sie gerade an sich entdecken, eines vorweg: Das sind nicht Sie. Das sind Teilpersönlichkeiten, die Sie entwickelt haben. Und jetzt kommt die gute Nachricht: An diesen Teilpersönlichkeiten können Sie arbeiten und sie neutralisieren.

Wie das geht, erfahren Sie in den nächsten Kapiteln.

Wie Sie Psychospiele durchschauen

Selbsterkenntnis –
die Basis jeder Exitstrategie

Wissen ist Macht, diese Feststellung des englischen Philosophen Sir Francis Bacon ist mittlerweile ein geflügeltes Wort. Weniger bekannt dürfte ein Satz des Dalai Lama sein: »Unwissenheit ist das größte Geistesgift.« Dramaspiele beruhen auf Unwissenheit. Sie werden gespielt, weil die Mechanismen nicht erkannt werden.

Beispiel für einen schmerzhaften,
aber wichtigen Erkenntnisprozess

Als Susanne, 42, zum ersten Mal ein Coaching bei uns buchte, war sie ziemlich am Ende. Vor uns stand ein typisches Opfer. Susanne zerfloss in Selbstmitleid, weil es weder im Job noch privat klappte. Ihre Karriere stagnierte seit Jahren, enge Freunde hatte sie nicht, auch keinen Partner. Offen gestanden wirkte sie ziemlich unsympathisch und auch unattraktiv. Eine lastende Schwere ging von ihr aus. Sie war ein regelrechter Energiestaubsauger, denn sobald man mit ihr sprach, fühlte man sich unwohl. Ihre Äußerun-

41

gen beschränkten sich auf Negatives. Zudem quälten sie Schuldgefühle, weil sie nichts auf die Reihe kriegte. Das Leben erschien ihr sinnlos.

Es schockierte Susanne geradezu, als wir sie mit ihren Opfer-Verhaltensmustern konfrontierten. Auf einmal verstand sie, warum sie beruflich nicht weiterkam, warum private Bindungen fehlten: Im Inneren war sie so tief verletzt und verunsichert, dass sie sich nicht zutraute, gute Beziehungen einzugehen. Gleichzeitig fehlte es ihr an einer gereiften Persönlichkeit. Sie verhielt sich launisch wie ein Teenager, war narzisstisch nur auf sich selbst konzentriert und unfähig, Empathie für andere aufzubringen.

Am Ende der Coaching-Einheit entschloss sie sich für einen Rollenausstieg. Konsequent beherzigte sie unsere Checklisten und unsere Tipps für meditative Techniken. Einen Monat später trafen wir Susanne bei einem Wochenendseminar erneut. Sie war kaum wiederzuerkennen. Eine spürbare Leichtigkeit lag in ihrer Körpersprache. Sie lachte häufiger, ihre Augen leuchteten und ihre Stimme klang heller. Ihre gesamte Ausstrahlung hatte sich verändert. Im Gegensatz zu der ersten Begegnung interessierte sie sich für andere, während sie vorher nur um sich selbst gekreist war. Und noch etwas fiel uns auf: Sie wurde zum Abschied von allen Kursteilnehmern umarmt, was vorher undenkbar gewesen wäre.

Für Susanne war es ein schmerzhafter Erkenntnisprozess. Hinter der Opferrolle entdeckte sie eine frustrierte, enttäuschte, emotional ausgehungerte Person. Deshalb kümmerte sie sich zunächst um sich selbst. Sie gönnte sich ein paar einfache Dinge, die ihr guttaten, auf die sie aber viel zu lange verzichtet hatte: schöne Musik hören, spazieren gehen, tanzen, Bekannte treffen. Lange verdrängte Bedürfnisse kamen nun an die Oberfläche: Sie gestand sich zu, dass sie Spaß haben und glücklich sein wollte. Durch Meditation und Körperarbeit stärkte sie zusätzlich ihre innere Balance. Im zweiten Schritt konnte sie sich auch für andere öffnen. Aus der finsteren, verschlossenen, unsympathischen Dramaqueen war eine kontaktfreudige, grundentspannte, sympathische Frau geworden.

Schon die ersten Schritte hatten Susanne Erfolgserlebnisse gebracht. Das motivierte sie, am Ball zu bleiben. Einmal mehr staunten wir, wie schnell sich ein Mensch verwandeln kann, wenn er sich bewusst von Psychospielen distanziert.

Selbsterkenntnis, das zeigt das Beispiel von Susanne, tut zwar weh, aber sie kann einen lebensverändernden Paradigmenwechsel einleiten. Um diesen Prozess in Gang zu setzen, stützen wir uns bei unserem Coaching auf eine uralte Weisheitslehre, die seit jeher die Überwindung menschlichen Leids in den Mittelpunkt stellte: auf den Buddhismus.

Moment mal, steht der Buddhismus denn nicht für Entschleunigung, Meditation, Rückzug? **Unser Konzept: Buddha für alle.** Und damit im völligen Gegensatz zu unserer hektischen Multitasking-Gesellschaft? Stimmt. Dennoch ist die uralte asiatische Philosophie weit mehr als ein Ticket ins Nirwana. Buddhas Weisheit kann zum alltagstauglichen Lifecoaching werden, wenn man daraus die Grundregeln erfolgreicher Kommunikation ableitet.

In unserer Coachingarbeit hatten wir oft festgestellt, dass Verhaltensänderungen nicht allein über den Kopf steuerbar sind. Man kann den Verstand mit noch so vielen Ratschlägen füttern – wirklich verinnerlichen wird man neue Haltungen nur, wenn zugleich Körper, Geist und Seele angesprochen sind. Genau das tut der Buddhismus. Er appelliert

Die ganzheitliche Ausrichtung des Buddhismus ist der Schlüssel zur Überwindung von Psychospielen.

an die Vernunft, er beschäftigt sich mit seelischen Phänomenen wie Gefühlen und Erinnerungen, und nicht zuletzt bezieht er über Meditationstechniken auch den Körper ein (siehe auch Kapitel 7).

Der »Edle Achtfache Pfad«

Gemäß der buddhistischen Lehre existiert in jedem Menschen ein reines, strahlendes Ich. Es ist wohlgesinnt, konstruktiv, lebensbejahend. Wenn es mit Dramaspielern in Kontakt gerät, können jedoch Teilpersönlichkeiten aktiviert werden: Verfolger, Opfer, Retter. Diese Teilpersönlichkeiten entstehen wie gesagt meist in der Kindheit, durch belastende Erfahrungen wie Ablehnung, Zurückweisung, seelische oder körperliche Gewalt. Aktuelle Stresssituationen rufen die Erinnerung an diese alten Verletzungen hervor, samt den früh trainierten Reaktionsmustern. Dann überdecken die negativen Teilpersönlichkeiten den reinen Kern des Ichs.

Falls jemand auf den richtigen Knopf drückt, wird aus der liebenden Mutter eine erbitterte Verfolgerin. Der selbstbewusste Abteilungsleiter mutiert zum winselnden Opfer. Der nette Nachbar nervt als bevormundender Retter. Und das alles nur, weil diese drei auf jemanden treffen, der ihre Teilpersönlichkeiten hervorlockt. Auch Sie haben bestimmt schon solche oder ähnliche Erfahrungen gemacht. Möglicherweise waren Sie sogar erschrocken darüber. Kein Grund, sich zu schämen. Das passiert fast jedem mal –

Dr. Jekyll und Mr Hyde lassen grüßen. Plötzlich erleben Sie sich wütend, ängstlich, aggressiv, verzweifelt. Doch das sind nur Masken, die Masken verdrängten Leids.

Buddhistisch spricht man von leidvollem Samsara.

Der Begriff Samsara stammt aus dem Sanskrit und heißt wörtlich übersetzt »beständiges Wandern«. Dieser Vorstellung nach durchwandert jede Seele bei der Wiedergeburt aufs Neue das Lebensrad. Bleibt der Mensch im Zustand der Unwissenheit, wiederholt er die alten Fehler, getrieben von den Geistesgiften Gier, Hass, Verblendung. Völlig ahnungslos gerät er in die immer gleichen Schleifen, in die immer gleichen zwanghaften Verhaltensmuster. Das ist der schwarze Pfad. Ein auswegloses Schicksal? Keineswegs.

Sie haben jederzeit die Chance, aus dem leidvollen Lebensrad auszusteigen.

Erlösung winkt durch Selbsterkenntnis. Hat ein Mensch die achtsame, ethische Lebensweise verinnerlicht, steigt er in höhere Ebenen auf. Der Suchende betritt ihn über den »Edlen Achtfachen Pfad«, der uns folgende Aufgaben stellt:

Selbsterkenntnis bedeutet, sich der eigenen Rolle gewahr werden.

1. rechte Erkenntnis
2. rechte Absicht
3. rechte Rede
4. rechtes Handeln
5. rechter Lebenserwerb
6. rechte Übung
7. rechte Achtsamkeit
8. rechte Meditation

Diese Aufgaben sind die Basis unseres Buddha-Coachings. Die rechte Erkenntnis bedeutet das Durchschauen von Dramaspielen. Die rechte Absicht besteht darin, die zwanghaften Motive von Dramaspielen hinter sich zu lassen. Die rechte Rede ist die Kunst der dramafreien Kommunikation. Das rechte Handeln ergibt sich wie die rechte Rede aus dem Bewusstsein, empathisch und solidarisch mit Menschen umzugehen. Der rechte Lebenserwerb ist als ethische Grundhaltung zu verstehen, bei der niemand zu Schaden kommt. Die rechte Übung bezieht sich auf die permanente Reflexion des Denkens und Handelns. Die rechte Achtsamkeit zeigt sich im respektvollen Umgang mit anderen. Durch die rechte Meditation wird das Ich von Geistesgiften gereinigt, sodass es rein und strahlend das gesamte Verhalten bestimmt.

Man kann durchaus von Lebensaufgaben sprechen. Die Bereitschaft dafür setzt ein entwickeltes Bewusstsein für das eigene Leid und das der anderen voraus. Natürlich erscheint es auf den ersten Blick leichter, einfach so weiterzumachen wie bisher. Das zieht jedoch neue Verletzungen nach sich, neue Enttäuschungen, neues Leid – Karma, wie es im Buddhismus heißt.

Man muss kein Buddhist werden, um das Grundprinzip zu verstehen: Erkennen Sie, welche Dramaanteile Sie in sich tragen und deshalb auch die Dramaspiele anderer mitmachen. Dafür müssen Sie herausfinden: Was hat Sie im Laufe Ihres Lebens traumatisiert? Wo liegen Ihre verborgenen Wunden, die noch immer nicht geheilt sind? Erst wenn Ihnen das klar ist, brauchen Sie keine Dramen mehr und können sich von Psychospielen distanzieren. Oder, wie Buddha sagen würde: »aus Samsara erwachen«.

Sobald Sie sich von negativen Teilpersönlichkeiten befreit haben, sind Sie dem Teufelskreis der immer gleichen Dramaspiele entflohen.

Mit Esoterik hat das übrigens nicht das Geringste zu tun. Auch nicht mit Räucherstäbchen und Glöckchenklingeln. Hier geht es ganz allein um die Option, negative Strukturen zu überwinden.

Mehr Körperbewusstsein durch Selbstbeobachtung

Die Struktur von Psychospielen zu verstehen, ist das eine, Spielsituationen überhaupt zu erkennen, das andere. Genau das fällt uns schwer. Viel zu selten ist uns bewusst, wann die Kommunikation in neurotische Interaktionen übergeht. Wir merken vielleicht undeutlich, dass etwas falsch läuft, konkret benennen können wir es aber nicht. Das liegt daran, dass wir uns bei Psychospielen völlig auf das Gegenüber fokussieren. Unsere Aufmerksamkeit ist geradezu gefesselt. Uns selbst lassen wir dabei außer Acht. Und das bedeutet: Unsere inneren Warnsysteme funktionieren nicht mehr.

Sobald die Wellen von Dramaspielen hochschlagen, spürt man sich nicht richtig. Weder nimmt man die unterschwelligen unangenehmen Gefühle wahr noch die unwillkürlichen Körperreaktionen. Ein gutes Körperbewusstsein ist deshalb die Voraussetzung dafür, dass Sie Psychospiele entlarven. Selbstbeobachtung kann man trainieren. Angenommen, Sie führen ein heikles Gespräch und bleiben körperlich entspannt. Fein. Was aber, wenn Ihnen der Schweiß ausbricht, wenn Ihr Herz schneller klopft, wenn Sie die Lippen aufeinanderpressen? Sie ahnen es schon: Da ist Ihr körperliches Frühwarnsystem aktiv.

Also fragen Sie sich: Wie reagieren Sie physisch auf Menschen, auf Situationen? Wird Ihnen eng in der Brust oder leicht ums Herz? Bleibt Ihr Atem ruhig, oder atmen Sie flach und schnell? Ist Ihre Haltung aufrecht und entspannt, oder ducken Sie sich unwillkürlich weg? Achten Sie auf Ihren verlässlichsten Partner: Ihren Körper.

Der Körper signalisiert uns zweifelsfrei, ob wir in ein Dramaspiel verstrickt werden sollen. Im Laufe der Evolution hat der Mensch eine hohe Sensibilität für Situationen entwickelt, in denen etwas nicht in Ordnung ist. Dann ist die Physis schneller als der Geist. Die Signale kommen blitzschnell, binnen Bruchteilen von Sekunden. Doch wir ignorieren diese Signale, weil wir heute lernen, dass wir unseren Verstand, selbst unsere Emotionen höher bewerten sollten als unseren Körper.

In unserer westlichen Kultur ist es geradezu verpönt, physische Reaktionen als Indikatoren für seelischen Stress ernst zu nehmen. So kann es zum Erschöpfungssyndrom kommen. Die meisten Menschen bemerken viel zu spät, dass sie beispielsweise unter chronischen Kopfschmerzen oder Schwindelgefühlen leiden. So übersehen diese Burnout-Kandidaten die Warnzeichen – bis nichts mehr geht. Auch in Dramaspielen werden die Signale meist missachtet. Vollkommen absorbiert durch heftig aufwallende Emotionen, wird der Körper ausgeblendet.

Trauen Sie Ihrem Körper. Er hat Ihnen etwas zu sagen. Ignorieren Sie körperliches Unbehagen nicht, sondern behalten Sie auch in belastenden Situationen ein Gespür für Ihre physischen Reaktionen. Niemand kennt Ihren Körper so gut wie Sie. Niemand kann Ihren Stresscode so gut lesen wie Sie selbst. Ob Sie feuchte Hände bekommen, ein Kribbeln im Magen oder ein Klingeln im Ohr – das sind Ihre ganz persönlichen Warnsignale.

Auf die eigenen Bedürfnisse achten

Jeder Mensch möchte wahrgenommen, berührt und wertgeschätzt werden. Eigentlich ganz einfach, oder? Und doch kommen diese Bedürfnisse meist zu kurz. Das beginnt schon bei ganz alltäglichen Dingen.

Wir nehmen einander nicht richtig wahr. Was wissen wir denn wirklich über unseren Partner, unsere besten Freunde, unsere Kollegen? Wie oft führen wir intensive Gespräche, in denen es nicht nur um banale Alltagsthemen geht? Das Nebeneinander hat Konjunktur, die Gedankenlosigkeit, mit der Menschen aneinander vorbeileben. Zu wenig Zeit, begründen viele diese Haltung. Oder ist es Bequemlichkeit?

Es sind bereits die kleinen Dinge, die das Leben heller machen. Einander gewahr zu werden, bewirkt sofort eine positive Veränderung: von schwer auf leicht, von kalt auf warm, von angespannt auf gelöst. Wir gehen seelisch in Resonanz. Das ist auch auf der physiologischen Ebene sichtbar, durch ein Lächeln, durch eine befreite Körpersprache. Es geht uns einfach gut, wenn wir einander beachten. Wie bedauerlich, dass wir verlernt haben, achtsam miteinander zu sein. Doch wir können es lernen, wenn wir ein Bewusstsein dafür entwickeln.

Wie oft laufen Sie über einen Flur, Menschen begegnen Ihnen, und man würdigt einander keines Blickes? Wer einmal einen kalifornischen Strand entlangspaziert ist, macht eine ganz andere Erfahrung. Dort ist es üblich, dass man einander grüßt und einen schönen Tag wünscht – selbst dann, wenn man den Betreffenden gar nicht kennt.

Wir berühren einander zu selten. Forscher im Bereich der humanistischen Psychologie fanden heraus: Neun Umarmungen täglich, und der Mensch bleibt »gesund an Leib und

Seele«. Doch in unserer eher unkörperlichen Kultur kommt das Bedürfnis nach physischer Nähe viel zu kurz. Eine herzliche Umarmung – wie selten erleben wir sie im Alltag?

Eine Friseurin erzählte uns einmal, viele ihrer Kunden lebten regelrecht auf, wenn ihnen die Haare gewaschen und frisiert würden. Außer einem Händedruck dann und wann hätten sie keinerlei Körperkontakt mit anderen, nur alle sechs Wochen im Friseursalon. In vielen Großstädten werden jetzt sogar Kuschelgruppen organisiert, wo sich Wildfremde eine Stunde lang umarmen, um ihre verwaisten Körper und Seelen zu wärmen.

Wir zeigen zu wenig Wertschätzung. Selbst wenn wir jemanden mögen, verhalten wir uns oft ungewollt desinteressiert oder abweisend. So wie es im Business keine ausreichende Lob-Kultur gibt, fehlt es auch im Privaten an den vielen kleinen Signalen der Wertschätzung. Ein Kompliment, ein aufrichtiger Dank, ein kleines Geschenk, all das tut der Seele gut und festigt Bindungen. Das wird häufig vergessen.

Schon einfache Gesten haben Wirkung. Warum nicht mal dem Partner sagen: »Danke, dass du den Müll runtergebracht hast«? Oder sich bei der Verkäuferin dafür bedanken, dass sie das Jackett in einer anderen Größe heraussucht? Wir nehmen vieles als selbstverständlich hin, weil wir meinen, es gebe schließlich Pflichten, die erfüllt werden müssen. Doch auch das vermeintlich Selbstverständliche sollte honoriert werden, denn wertschätzende Gesten verhindern das Klima der Kälte und Unverbindlichkeit, das uns zu schaffen macht, selbst wenn es uns oft gar nicht bewusst ist.

Positive Verhaltensänderungen entwickeln sich ganz von selbst, sobald Sie verstanden haben, welche Ihrer neuralgischen Punkte bei Dramaspielen berührt werden. Respektieren Sie Ihre eigenen Bedürfnisse und die der anderen, dann beenden Sie Ihr eigenes Leid und erzeugen kein Leid bei anderen. Widerstehen Sie der Versuchung, selbst zum Dramaspieler zu werden. Wer ein starkes Ich-Bewusstsein hat, kann über die vielen kleinen und großen Dramen lachen, mit denen andere sich das Leben schwermachen.

In jedem Moment Ihres Lebens können Sie eine Entscheidung treffen: dramafrei oder nicht?

Aktives Gefühlsmanagement – warum es wichtig ist, zwischen Mit-Leiden und Mit-Fühlen zu unterscheiden

Gut buddhistisch geht es beim Ausstieg aus Psychospielen darum, das Ich zu stärken, also dafür zu sorgen, dass negative Teilpersönlichkeiten schwächer werden, bis sie schließlich ganz verschwunden sind. Der Königsweg dazu ist ein reflektierter Umgang mit Gefühlen. Gefühle? Oh, nein, werden Sie jetzt vielleicht denken. Ich will eine Erfolg versprechende Kommunikationsstrategie, kein Gefühlsgedöns!

Verständlich, dass Sie so reagieren, denn Emotionen stehen in unserer sachorientierten Kultur nicht vornan. »Bleiben Sie sachlich!«, gehört zu den häufigsten Appellen, wenn Konflikte in der Luft liegen. »Werden Sie jetzt bloß nicht emotional!«, ist auch so ein Dauerbrenner. Auf den Punkt gebracht, herrscht besonders bei uns Deutschen gern die Meinung: »Die Sache ist wichtiger als der Mensch.« Richtig so? Nein, total falsch. Emotionen spielen nämlich eine Hauptrolle in Psychospielen.

Leider lernen wir meist nicht, adäquat mit unseren Emotionen umzugehen. Besonders negative Gefühle sind tabui-

51

siert. Das beginnt bereits bei der Erziehung. Ein Kind, das quengelt, wird ausgeschimpft. Ein gelangweilter Schüler muss mit schlechten Zensuren rechnen. Einem deprimierten Mitarbeiter wirft man vor, ein Miesepeter zu sein. Gefühle? Womöglich schlechte Gefühle? »Reiß dich mal zusammen«, heißt es da. Immer nur lächeln und immer vergnügt. Der negative Lernprozess lautet: Gib bloß nicht zu, dass du schlechte Gefühle hast. Klappe halten, weitermachen. So entsteht ein Gefühlsstau.

Dabei ist es im Grunde eine Binsenweisheit: Ohne eine ausgeglichene emotionale Verfassung läuft gar nichts, weder im Job noch in einer Beziehung. Dauerfrust blockiert, unterdrückte Wut lässt unnötige Streitigkeiten aufflammen, Ohnmachtsgefühle führen in die Resignation. Erst wenn Emotionen reflektiert und authentisch kommuniziert werden, gelingt das Zusammenleben und Zusammenarbeiten. Das heißt: Erst wenn die Gefühle geklärt sind, entsteht wahre Wertschätzung – ganz egal, ob man sie Liebe, Sympathie, Vertrauen oder Teamgeist nennt.

Die Attraktivität des Dramas besteht wesentlich darin, dass Psychospiele ein Ventil für aufgestaute Gefühle bieten.

Kein Streit mehr, keine Missverständnisse, kein Ärger, kein Frust – dafür brauchen Sie eine gute Exitstrategie.

Buddhistisch unterscheidet man zwischen Mitleid und Mitgefühl. Die beiden Begriffe klingen zwar ähnlich, ihre Bedeutung ist jedoch grundverschieden.

Dramaspiele beruhen auf dem Mit-Leiden. Der Dramaspieler lässt angestaute negative Gefühle heraus, das Gegenüber erinnert sich an eigene leidvolle Erfahrungen und durchlebt das fremde Leid als emotional abhängiger Mitspieler. Ist er beispielsweise mit Wut konfrontiert, reagiert er gemäß seinem Reaktionsschema – etwa mit Angst. Und schon geraten beide in eine Leidensspirale.

Diesen Mechanismus kann man mit der Co-Abhängigkeit bei Alkoholikern vergleichen. Wer alkoholkrank ist, überträgt seine Probleme oft ungewollt auf Partner, Familie, Freunde. Bald zeigt das Umfeld ähnliche Suchtsymptome, weil es sich mit dem Alkoholkranken identifiziert und eigene Problemlagen mit ihm verknüpft. Mit-Leiden ist also eine Verstärkung des eigenen Leids.

Ganz anders läuft es beim Mitgefühl. Hier ist Einfühlungsvermögen im Spiel, aber mit dem nötigen emotionalen Abstand: »Ich sehe deine Gefühle. Ich habe Verständnis für deine Gefühle. Doch ich mache mir deine Gefühle nicht zu eigen, sondern bleibe ich selbst.« Solidarische Distanz ist ein buddhistischer Kerngedanke: Mit-Fühlen statt Mit-Leiden. Diese Haltung gelingt jedoch nur, wenn man keinen Anlass mehr sucht, sein eigenes Leid in Dramaspielen auszuleben.

Unterdrückte Wut – wie Sie den Gefühlsstau rechtzeitig erkennen

Irgendeinen geheimen Frust, irgendeine unausgelebte Wut trägt fast jeder mit sich herum. Nun kommt es darauf an, diese unterdrückten oder verdrängten Anteile so lange zu bearbeiten, bis sie neutralisiert sind. Allerdings ist das leichter gesagt als getan.

Gewöhnlich nehmen Sie Beziehungen so hin, wie sie nun einmal sind – weil Sie meinen, Sie müssten Ihr Gegenüber akzeptieren. Mit Kritik sind Sie vorsichtig, gerade dann, wenn Emotionen im Spiel sind. Sie wollen niemanden verletzen, und auch Sie selbst wollen nicht verletzt werden.

Viele Menschen scheuen Auseinandersetzungen, weil sie sich nach Harmonie sehnen. Doch in Ihrem Bemühen, Konflikte zu umgehen, nehmen Sie einige negative Folgen in Kauf. Die schlimmste ist unterdrückte Wut.

Die Wut entsteht, weil Sie unbewusst durchaus registrieren, dass Sie sich in Ihrer Dramarolle selbst verleugnen. Sie gestehen sich einfach keinen Raum mehr für Ihre eigenen Bedürfnisse zu. Nur das zählt, was der Verfolger, der Retter, das Opfer braucht. So können Sie gute Beziehungen aufbauen – denken Sie. Leider ist das eine Gebrauchsanleitung für schlechte oder scheiternde Beziehungen.

Wenn Sie Rollen spielen, ertragen Sie den Widerspruch zwischen eigenen und fremden Bedürfnissen nur, indem Sie Ihre Wünsche und Ansprüche als falsch deklarieren.

Der Mitspieler denkt: Ich will mehr Freiraum, weil der Verfolger mir die Luft zum Atmen nimmt? Wie egoistisch! Ich will nicht dauernd für das Opfer da sein, weil ich die Verantwortung der Retterrolle nicht mehr aushalte? Wie herzlos! So nimmt sich der Mitspieler immer mehr zurück, bis er nicht mehr er selbst ist. Doch nur, wenn eine gesunde Balance der Bedürfnisse zwischen Ihnen und Ihrem Gegenüber gelingt, entsteht eine gute, belastbare Beziehung. Sonst ergeht es Ihnen wie der Ehefrau, die jahrelang widerwillig die Hemden ihres Gatten bügelt, immer wütender wird und den Herrn des Hauses am Ende mit dem Bügeleisen erschlägt.

Wer in den Verfolgermodus wechselt, lebt seine Wut im Dramaspiel aus. Es könnte aber auch sein, dass Sie als Opfer oder Retter Ihre Wut nicht zeigen. Dann sucht sich die Wut ein anderes Ventil. Natürlich trifft es den Falschen, doch selbst das ist Ihnen in dem Moment gar nicht bewusst. So manche Frau, mancher Mann kommt abends nach Hause und lässt den Ärger im Job an seinem Partner aus. Manche

Mutter misshandelt ihr Kind, um die Wut über eine destruktive Paarbeziehung loszuwerden.

Umso wichtiger ist es für Sie, diffuse Unwohlgefühle als unausgelebte Wut zu erkennen – und zu verstehen, wem Sie diese Wut zu verdanken haben. Wer hat Sie verletzt, unterdrückt, missachtet? Welche negativen Erlebnisse belasten Sie immer noch? Wie können Sie diese Erfahrungen verarbeiten? Die Beantwortung dieser Fragen ist ein zentraler Punkt, um Dramaspiele zu vermeiden. Im Zustand unterdrückter Wut scheitert die Kommunikation, weil sie einem Tanz auf dem Vulkan gleicht – wie das folgende Beispiel zeigt.

Beste Freundinnen im Dramaspiel

Schon lange hat sich Anna-Lena auf diesen Abend gefreut: Nach einer längeren beruflichen Reise ist ihr Freund Massimo endlich wieder in der Stadt. Da möchte sie ihm natürlich einen gebührenden Empfang bereiten, mit einem romantischen Candlelight-Dinner. Der Tisch ist festlich gedeckt, rote Kerzen und Rosenblätter schmücken das weiße Tischtuch, aus der Küche duftet es köstlich nach einer selbst gemachten Lasagne.

Wie erhofft, ist Massimo vollkommen überwältigt von Anna-Lenas liebevollem Empfang. Aber kaum haben sie sich gesetzt, klingelt Anna-Lenas Handy. Zunächst geht sie nicht ran. Doch es klingelt immer wieder, und irgendwann schaut sie aufs Display. Es ist ihre beste Freundin Evi. Als Anna-Lena eine Flasche Wein aus der Küche holt, nimmt sie das Handy mit und ruft Evi zurück. Sofort wird sie mit einem untröstlichen Schluchzen überfallen. »Mir geht es so schlecht«, wimmert Evi. »Ich glaube, Felix verlässt mich. Stell dir vor, eben hat er gesagt …«

Wie auf Kohlen steht Anna-Lena in der Küche. Schwer atmend, mit hängendem Rücken, lehnt sie am Kühlschrank und versucht Evi zu erklären, dass es gerade nicht gut passt. Evi redet dennoch wie ein Wasserfall. Aber müssen beste Freundinnen nicht immer füreinander da sein? Eine Viertelstunde lang hört sich Anna-Lena die Klagen ihrer Freundin an, dann verspricht sie zurückzurufen, und kehrt zum mittlerweile verstimmten Massimo zurück.

Der Abend ist im Eimer. Permanent muss Anna-Lena an ihre Freundin denken. Sie macht sich große Sorgen und wirkt so abgelenkt, dass Massimo richtig sauer wird. Der kleine Streit endet zwar im Bett, aber an eine kuschelige Nacht ist nicht zu denken. Mehrfach schleicht sich Anna-Lena ins Badezimmer, um Evi zu sprechen, die aber nicht mehr ans Handy geht. Auch bei Felix meldet sich nur die Mailbox. Bis zum Morgengrauen findet Anna-Lena keinen Schlaf. Stattdessen zerbricht sie sich den Kopf, wälzt sich unruhig hin und her.

Am anderen Morgen marschiert Massimo schlecht gelaunt aus der Wohnung. Ohne Frühstück. Um elf Uhr erreicht Anna-Lena endlich ihre Freundin. Alarmiert fragt sie, wie es Evi geht. Doch die gähnt entspannt. »Alles okay. War nur ein kleines Missverständnis mit Felix.« Jetzt platzt Anna-Lena der Kragen. »Du bist so rücksichtslos, eine widerliche Egoistin bist du! Ich dachte, es wäre wirklich was Ernstes!« Ein heftiger Streit entbrennt. Sie zanken sich so lange, bis Anna-Lena zornig das Gespräch wegdrückt.

Die Stadien der Wut

Bestimmt hatten Sie keine Schwierigkeiten, dieses Spiel zu durchschauen: Evi nimmt die Opferrolle ein, prompt fällt Anna-Lena in die Retterrolle. Dadurch wird Anna-Lena zum Opfer, das die gute Beziehung zu ihrem Freund riskiert. Am nächsten Morgen verwandelt sie sich in eine Verfolgerin, die ihre Freundin anklagt und durch Beschimpfungen entwertet.

Dies ist im wahrsten Sinne des Wortes ein mieses Spiel: Evi spielt mit den Gefühlen ihrer Freundin. Ohne Rücksicht auf die besondere Situation von Anna-Lena fordert sie Beachtung und Zuwendung. Letztlich lässt es Evi auf eine Machtprobe ankommen: Ich oder er? Was ist dir wichtiger, dein Freund oder unsere Freundschaft?

Das Problem besteht darin, dass Anna-Lena durchaus einen Zwiespalt spürt, auch Ärger über den verkorksten Abend. Aufgrund ihrer anfänglichen Rettermentalität ist sie jedoch unfähig, diese Wut zu erkennen und Evi ein angemessenes Feedback zu geben. Ihre Reaktion ist das Gegenteil empathischer Distanzierung: Mit-Leiden statt Mit-Fühlen. So leidet Anna-Lena stumm unter der Zumutung, dass ihr romantisches Dinner zerstört wird. Sie konnte nicht mitfühlend darauf beharren, es sei ein denkbar ungünstiger Zeitpunkt für ein Gespräch. Dass sie überhaupt zurückrief, obwohl ihr Freund auf sie wartete, spricht dafür, dass sie sich schon länger in der Retterrolle befindet. Sicherlich hat sich einiger Ärger in ihr angestaut, weil sie bereits viele Male für Evi auf ihr eigenes Wohlergehen verzichtet hat.

Man kann hier also zwei Stadien der Wut erkennen. Anfangs unterdrückt Anna-Lena ihren Ärger darüber, dass Evi den Abend zu zweit stört. In der Retterrolle gesteht sie sich das Gefühl der Wut nicht zu. Erst am Morgen darauf bricht die zurückgedrängte, bewusst gar nicht wahrgenommene Wut umso heftiger hervor. Dieses Umkippen vom Retter- ins Verfolgerspiel wird sich noch oft wiederholen, mit gesteigerter Intensität. Deshalb ist es sehr wahrscheinlich, dass die Frauenfreundschaft irgendwann daran zerbrechen wird.

Das Beispiel zeigt: Wut ist ein zuverlässiger Indikator dafür, dass jemand mit Ihnen spielt und Ihnen belastende Rollen zuweist. Wut ist aber auch der Grund für Ihre eigenen Dramaspiele. Was auch immer Sie wütend macht, Sie erleben dabei einen Kontrollverlust. Die verloren gegangene Autonomie holen Sie sich über den Umweg des Dramaspiels zurück: Kontrolle durch Manipulation.

Rollen sind immer ein Zeichen offener oder versteckter Dominanzsüchte. Wer Psychospiele spielt, besitzt kein Einfühlungsvermögen, vielmehr will er Beziehungen kontrollieren und steuern. Ganz egal, was Anna-Lena denkt, fühlt, braucht: Evi setzt sich darüber hinweg. Sie hört nicht zu, versetzt sich nicht in Anna-Lenas Situation. Stattdessen stellt sie sich selbst in den Mittelpunkt. In egozentrischer Weise reklamiert sie Anna-Lenas unbedingte Verfügbarkeit. Doch auch Anna-Lena versucht auf ihre Weise, die Beziehung zu Evi zu steuern. Unbewusst möchte sie die Bindung zu ihrer Freundin mittels der Retterrolle festigen. Dafür nimmt sie Beeinträchtigungen ihrer Bedürfnisse in Kauf, um den Preis ohnmächtiger Wut.

Falls es in Ihrem Leben Beziehungen gibt, in denen sich Wut ansammelt – sei es mit dem Partner, mit Freunden, Kollegen oder dem Chef –, befinden Sie sich sehr wahrscheinlich in einem Dramaspiel.

Achten Sie besonders auf unterdrückte Wut. Anna-Lena beispielsweise spürte sie nicht, doch das verdrängte Gefühl äußerte sich in ihrer Körpersprache: durch das schwere Atmen, die hängenden Schultern und den Reflex, sich Halt suchend an den Kühlschrank zu lehnen. Derartigen Signalen sollten Sie künftig größte Beachtung schenken. Lassen Sie sich nicht von den Texten der Dramaspiele ablenken. Horchen Sie in sich hinein, nehmen Sie wahr, was in Ihnen vorgeht. Dann erkennen Sie auch Ihre Wut.

Alte Ängste – warum Sie sich ihnen stellen sollten

Dramaspiele sind kein Charakterfehler. Wer manipuliert und sich manipulieren lässt, leidet unter unverarbeiteten Gefühlen. Zur Wut gesellen sich häufig tief sitzende Ängste. Aus Angst vor Zurückweisung scheuen sich Dramaspieler, zu ihrer eigenen Wertigkeit zu stehen. Sobald jemand sie provoziert oder kritisiert, ziehen sie sich zurück, werden passiv, resignieren. Oder sie lassen ihre Wut ungefiltert raus. Manche Menschen kompensieren ihre Zweifel auch durch übermäßig gesteigerten Arbeitseinsatz und lavieren sich in einen Burn-out.

Viele Menschen leiden unter Angstblockaden. Dazu gehören Versagensängste, Minderwertigkeitsgefühle und die Angst davor, ausgelacht und abgewertet zu werden. Diese Ängste liegen meist gut verkapselt im Unterbewusstsein. Erst durch Psychospiele drängen sie machtvoll an die Oberfläche. Also müssen Sie herausfinden: Welche geheimen Befürchtungen treiben Sie in Dramarollen? Welche tief sitzenden Ängste aktiviert der Dramaspieler in Ihnen? Das erfordert Erinnerungsarbeit.

Zwei Beispiele für Angststeuerung

Sandra, eine alleinerziehende Mutter, kam in unser Seminar, weil sie große Probleme mit ihrem vierzehnjährigen Sohn hatte. Nach den ersten Gesprächen zeigte sich, dass sie die beste Freundin ihres Sohns sein wollte. Erziehung? Nein, danke. Immer dann, wenn der Sohn etwas durchsetzen wollte, spielte er das Opferspiel, und seine Mutter übernahm den Retterpart. Keine neue Playstation? Untröstlich beklagte der Sohn sein schweres Schicksal, eine hartherzige Mutter zu haben, und nahezu reflexhaft kaufte sie die Playstation, die Markenjeans, das neue Handy.

Allmählich ging Sandra auf, wie tief sie in dieses Spiel verstrickt war. Sie hatte allen Ernstes geglaubt, sie müsse sich Liebe erkaufen, weil sie selber als Kind immer etwas für die Liebe ihrer Eltern hatte tun müssen: Hausarbeiten erledigen, gute Zensuren aus der Schule mitbringen, das brave Mädchen spielen. Liebe hatte sie ausschließlich als Tauschhandel erlebt: Nur wenn ich meinen Eltern gebe, was sie von mir verlangen, bekomme ich Liebe zurück. Deshalb lebte Sandra als Kind in der permanenten Angst, etwas Falsches zu tun und so die Liebe ihrer Eltern zu verlieren.

Dieses Muster übertrug Sandra auf ihren Sohn. Jetzt hieß es: Wenn ich *ihm* gebe, was er will, bekomme ich Liebe zurück. Im Seminar wurde ihr bewusst, dass dieser Tauschhandel absolut nichts mit Liebe zu tun hat. Und dass klare, durchdachte Erziehungsentscheidungen nicht automatisch zum Liebesentzug führen. Das war ihre größte Angst gewesen. Sie konnte sich einfach nicht vorstellen, liebenswert zu sein, falls sie den Wünschen ihres Sohns nicht entsprach. Mittlerweise hat sie ihr Verhalten radikal geändert. Und das Schönste daran: Ihr Mut zur Erziehung hat eine neue Qualität der Nähe erzeugt. Heute ist die Bindung zu ihrem Sohn intensiver als zu Zeiten, in denen sie ihn aus Angst vor Zurückweisung nahezu verzweifelt beschenkte.

Wie befreiend der bewusste Umgang mit alten Ängsten ist, erlebte auch Beatrice. Die Firmenchefin hatte große Hemmungen, öffentlich zu sprechen.

Ängste werden früh gespeichert und formen negative Verhaltensmuster. Bearbeitete Ängste verlieren ihre Macht.

Sie verstand nicht, warum sie Herzrasen und Schweißausbrüche bekam, wenn sie ein paar Worte vor ihren Mitarbeitern sagen sollte. Erst im Coaching fand sie heraus, dass ihr Unterbewusstsein in solchen Momenten eine längst vergessene Erfahrung reaktivierte.

Das Erlebnis lag Jahrzehnte zurück, in ihrer Grundschulzeit. Damals musste sie im Musikunterricht ganz allein etwas vorsingen und war kläglich untergegangen. Ihre Mitschüler hatten sich ausgeschüttet vor Lachen, sie war vor lauter Peinlichkeit und Scham schier im Boden versunken. Diese traumatisierende Erfahrung hatte sich ihr tief eingeprägt, ohne dass es ihr bewusst gewesen wäre. Und doch setzte die Wirkung sofort ein, wenn sie vor einer Gruppe stand: Hilfe! Bestimmt werde ich wieder ausgelacht! Auf der Stelle geriet Beatrice ins Trudeln, stammelte ihren Text so schnell wie möglich zu Ende und verließ hochrot den Raum.

Das Interaktionsmuster von Beatrice bestand aus Vermeidung und Flucht. Entweder verzichtete sie ganz auf Reden, oder, wenn sie unumgänglich waren, brachte sie diese so schnell wie möglich hinter sich und floh anschließend. Das wirkte sich negativ auf ihre Beziehung zu den Mitarbeitern aus. Sie verlor an Respekt, gleichzeitig bekamen die Mitarbeiter den Eindruck, Beatrice stehe nicht hinter dem Gesagten.

Lange plagte sie sich mit diesem Problem. Dann wurde sie eines Tages von einem Kunden für eine Angestellte gehalten, nicht etwa für die Chefin. Sie strahlte keinerlei natürliche Autorität mehr aus, kein Selbstbewusstsein, keine Führungskompetenz. An diesem

Negative Kindheitserfahrungen sind sehr machtvoll. Sie lauern tief in unserem Unterbewusstsein, und sobald sie wieder hochsteigen, fallen wir in alte Bewältigungsmuster zurück.

Tiefpunkt beschloss sie, etwas zu ändern. Sobald ihr der Grund ihrer Ängste klar war, konnte sie auch die Sprechblockade durchbrechen.

Ängste – eine Reise in die Vergangenheit

Welche Ängste könnten Sie steuern? Wenn Sie sich regelmäßig vom Chef einschüchtern lassen, haben Sie sehr wahrscheinlich insgeheim Angst, tatsächlich zu versagen. Wenn Sie sich der bevormundenden Freundin unterordnen, haben Sie vermutlich Angst, in die Rolle des selbstverantwortlichen Erwachsenen zu schlüpfen. Wenn Sie Ihrem ewig jammernden Partner keine Bitte abschlagen können, befürchten Sie sicherlich, ohne übertriebene Hilfsbereitschaft nicht mehr geliebt zu werden.

Geweckt werden Ihre Ängste von Personen, die Ihnen ein negatives Bild spiegeln. Das Opfer signalisiert Ihnen: Du bist egoistisch, wenn du mir nicht hilfst. Der Retter gibt Ihnen zu verstehen: Du schaffst es nicht allein. Der Verfolger kommuniziert Ihnen: Du bist nichts wert. Werden dabei traumatische Erfahrungen berührt, überwältigen Sie die alten Ängste. Dann spielen Sie Rollen nach dem Schema Ihrer früh erlernten neurotischen Interaktionsmuster.

Es ist wie eine Reise in die Vergangenheit, und zwar mit Lichtgeschwindigkeit. Sie können noch so selbstbewusst sein, noch so kompetent, Sie können noch so viel erreicht haben in Ihrem Leben, auf einmal sind Sie wieder unsicher wie das kleine verletzte Kind, das Sie einmal waren. Nichts schützt Sie in diesem Moment. Alles, was Sie erfahren und gelernt haben, ist plötzlich hinweggefegt von übergroßer, lähmender Angst.

Ein Vertriebsmitarbeiter, den wir bei einem unserer Coachings kennenlernten, erlebte diese Angst immer dann, wenn er mit Autoritätspersonen zu tun hatte. Schon Tage vor einem Termin mit seinem Chef bekam er feuchte Hände. Ein Gehaltsgespräch? Oder eine Präsentation seiner Umsätze? Sein schlimmster Albtraum. Im Seminar kamen wir dem Grund auf die Spur: In solchen Situationen hatte er einen Flashback. Sofort war er wieder der kleine Junge, der einst in der Fußballmannschaft seiner Schule den spielentscheidenden Elfmeter verschossen hatte. Damals war der Sportlehrer sehr wütend geworden und hatte ihn vor seinen Schulkameraden gedemütigt. Die Angst war geblieben. Sie übermannte den erwachsenen Johannes genauso wie damals den kleinen Jungen. Er war wieder das Opfer, wie einst.

Die Verankerung von Ängsten läuft immer gleich ab: Alle wichtigen Elemente einer traumatisierenden Situation werden gespeichert. Im Fall von Johannes war es eine besondere Herausforderung, gekoppelt mit Versagen, Auslachen, Ausgrenzung und Scham. So hatte er es erlebt. Von nun an waren diese Elemente in seinem Unterbewusstsein verknüpft. Sie gehörten zusammen und bildeten eine Assoziationskette. Bei Johannes genügte der subjektive Eindruck, dass man ihn auslachte, und sofort assoziierte er Versagen, Ausgrenzung, Scham. Deshalb brachte ihn schon ein harmloser Witz während einer Konferenz aus der Fassung. Spontan antizipierte er einen peinlichen Auftritt und fühlte sich als Opfer. Dass er dann tatsächlich stotterte, wenn er reden musste, wundert wohl niemanden.

Früh entstandene Ängste sind hartnäckig. Sie schlummern im Unterbewusstsein und warten förmlich darauf, geweckt zu werden.

Solange man sich nicht bewusst ist, dass es überhaupt eine traumatische Erfahrung gegeben hat, wird der Mechanismus immer wieder ablaufen. Betrachten Sie Ihre Ängste. Beobachten Sie, unter welchen Bedingungen Sie Angst bekommen. Woran erinnert Sie das? Wann entstand das Muster? Und welche Ängste treiben Sie in Dramarollen? Vielleicht erkennen Sie sich ja in einem der folgenden Sätze wieder:

- Ich habe Angst, nicht anerkannt zu werden.
- Ich fürchte mich vor offenen Konflikten.
- Ich verbiege mich regelmäßig, aus Angst, Menschen zu verprellen.
- Ich werte mich selbst ab, aus Angst, dass andere es tun könnten.

Stellen Sie sich Ihren Ängsten. Was ist Ihre schlimmste Befürchtung? Dass Ihr Partner Sie verlässt? Dass der Chef Sie feuert? Dass Ihre Freunde das Interesse an Ihnen verlieren? Dass Ihre Kinder Sie nicht mögen? Seien Sie sicher: Jeder Mensch hegt solche Ängste. Das kann sogar hilfreich sein, weil Angst bewusst macht, was einem wichtig ist und was man nicht verlieren möchte. Allerdings gibt es übersteigerte Ängste, die mit mangelnden Selbstwertgefühlen zu tun haben. Dann spielen Sie Dramarollen, aus Angst, Ihr wahres Ich könne man nicht wertschätzen.

64

Was war Ihr schmerzlichster Verlust? Was war Ihre größte Niederlage? Wann hatten Sie das Gefühl, total zu versagen? Gern erinnern Sie sich bestimmt nicht an diese Momente. Viel schmerzhafter ist es jedoch, wenn Sie spontan von jemand anderem daran erinnert werden, in Situationen, in denen Sie eigentlich einen klaren Kopf bräuchten. Doch genau dann verhindern die alten Ängste eine adäquate Reaktion. So wie bei Katja.

Die Einzelkämpferin

Als Katja zu einem Gruppencoaching kam, fiel sie uns sofort auf. Sie setzte sich etwas abseits von den anderen hin, verschränkte fast feindselig die Arme und trug einen Gesichtsausdruck zur Schau, in dem sich Skepsis mit einer Spur Arroganz mischte. Als Katja ihr Problem beschrieb, spürte man, wie schwer ihr das fiel: Sie ecke überall an. In der Familie sei sie die Außenseiterin, ihr Freundeskreis distanziere sich von ihr, im Job spreche man ihr die Teamfähigkeit ab – der Hauptgrund, warum sie das Seminar besuchte.

Bei der Analyse ihrer Vorgeschichte stellte sich heraus, dass Katja sich in ihrer Herkunftsfamilie oft alleingelassen gefühlt hatte. Ihre Eltern fanden wenig Zeit, sich um sie zu kümmern, ihre wesentlich älteren Geschwister ließen sie links liegen. Geblieben war die Angst, im Zweifelsfall allein dazustehen. Katja hatte keine gesunden Interaktionsmuster gelernt, die auf Vertrauen und Verlässlichkeit beruhen. Die Angst, ignoriert und enttäuscht zu werden, übertrug sie unbewusst auch auf das Team, in dem sie aktuell arbeitete. Als ungebetene Retterin startete sie Alleingänge, mit denen sie alle gegen sich aufbrachte.

Was Katja nicht ahnte: Sie agierte als Einzelkämpferin, weil sie nie gelernt hatte, kooperative, auf Vertrauen basierende Verhaltensweisen auszubilden. Stattdessen war ihr Tun von Angst geprägt – »ich habe Angst, dass die anderen mich im Stich lassen, also mache ich lieber alles allein«. Es war die klassische Selffulfilling Prophecy: Durch ihre negative Erwartungshaltung isolierte sie sich zunehmend.

Für Katja war es schwierig, die Ursachen zu benennen. Anfangs hatte sie von ihrer glücklichen Kindheit geschwärmt, doch dies war nur eine Illusion gewesen. In der Gruppe traute sie sich dann, ihre verdrängten negativen Erfahrungen freizulegen. Als Kind war sie oft übersehen und alleingelassen worden. Damals hatte sie die Angst verankert, sie habe keine Liebe verdient. Diese Angst stieg immer wieder in Katja hoch, wenn sie sich nicht genügend beachtet fühlte. Der beste Freund hatte gerade keine Zeit, der Lebensgefährte machte Überstunden – sofort kam es zu massiven Verlustängsten. Dies kompensierte Katja, indem sie gar nicht erst versuchte zu kooperieren.

So starten viele Dramaspiele: Vehement forderte Katja als angstbesetzte Psychospielerin Aufmerksamkeit ein, sei es als Opfer, Retter oder Verfolger. Irgendwann nahm ihre Gier nach Beachtung derartige Ausmaße an, dass sich auch das Ausmaß der Dramen ins Unerträgliche steigerte. Katja provozierte und erzeugte Aggressionen. Das bescherte ihr negative Aufmerksamkeit, nach der sie geradezu süchtig wurde.

Unbearbeitete Ängste deformieren das Verhalten, weil es in diesem Fall nie genug Zuwendung gibt.

Die neurotischen Interaktionsmuster verfestigen sich also nicht nur, ihre Ausprägungen werden in der Regel auch stärker. Zunehmend steuern sie das Verhalten und dominieren irgendwann die sichtbare Persönlichkeit – als aggressive, jammernde oder bevormundende Teilpersönlichkeiten. Diese Anteile müssen reflektiert und neutralisiert werden, oder aber sie formen immer neue, immer schmerzhaftere Dramen.

Wagen Sie die Konfrontation mit Ihren Ängsten. Gehen Sie auf genau jene Person zu, mit der Sie die schlimmsten Dramaspiele erlebt haben, und schauen Sie sich dabei zu. Das ist Selbsterfahrung, die so einiges Unangenehme wieder hochsteigen lässt, Erinnerungen, Ängste, Ohnmachtsgefühle. Fürchten Sie sich nicht davor, sondern betrachten Sie diese Emotionen als helfende Kräfte, denn sie möchten wahrgenommen, nicht beiseitegeschoben werden. Dadurch verstehen Sie, was Sie persönlich am meisten ängstigt und verletzt, und können die entsprechenden Situationen auflösen.

Auch wenn es wehtut – gehen Sie Ihren leidvollsten Erfahrungen auf den Grund.

Wie Sie Psychospiele überwinden

Emotionale Bedürftigkeit – wie Sie damit umgehen können

So seltsam es klingt – viele Menschen tragen eine gewisse Lust am Drama in sich. Sie genießen die Tränenausbrüche, die Streitigkeiten, die Verzweiflung, weil sie Psychospiele als intensive Erfahrung erleben. Obwohl sie unter den negativen Nebenwirkungen leiden, fühlen sie sich wahrgenommen und lebendig. Die hohe Verletzungsgefahr nehmen sie in Kauf, weil sie emotional bedürftig sind: Starke Gefühle spüren sie nur in Dramen.

Wer in der Kindheit an mangelnder Beachtung litt, wird daher immer wieder versuchen, seine Kommunikationspartner in hochemotionale Situationen zu bringen. Zum Beispiel provoziert er so lange in der Opferhaltung, bis jemand explodiert. Auch Verfolger sehnen sich nach dieser Intensität. Nur wenn sie schreien und brüllen, erreichen sie das erwünschte Erregungslevel. Retter dagegen genießen die beschwörende Atmosphäre, in der sie ihre Ratschläge erteilen – als ginge es um alles oder nichts.

Paradoxerweise sind vor allem wütende Reaktionen durchaus erwünscht. Viele Menschen kennen es eben nicht anders. Als Kinder erlebten sie elterliche Nähe ausschließlich als negative Zuwendung, in Form von Beschimpfungen oder sogar körperlicher Gewalt. Jenseits solcher leidvollen Erfahrungen fühlten sie sich emotional verwaist.

Aus der emotionalen Bedürftigkeit heraus ist dem Dramaspieler jedes ausgelöste Gefühl willkommen – Hauptsache, es ist intensiv.

Dramaspieler leiden unter einem emotionalen Vakuum, das mit starken Erregungszuständen gefüllt werden muss. Dieser »Bedürfnisdruck« ist ein Kennzeichen mieser Spiele. So wie bei dem Controller einer großen Bank, der seine Mitarbeiter wie ein böser Vater abkanzelte. Er beschämte sie – und genoss den emotionalen Ausnahmezustand. Von Mitarbeiterführung konnte da natürlich keine Rede sein. Im Zentrum stand allein die Absicht, emotional aufgeladene Situationen zu erzeugen.

In hellen Momenten war sich dieser Controller absolut bewusst, dass seine Auftritte weder motivierend noch vertrauensbildend wirkten. Aber sein Verstand setzte aus, wenn der Bedürfnisdruck zu groß wurde. Er hatte nie gelernt, dass es auch positive Gefühlsintensitäten gibt, weil er starke Gefühle seiner Eltern ausschließlich in Form von Anklagen und Beschuldigungen erlebt hatte. So prägte er eine Verfolgermentalität aus und fand hohe Befriedigung im Niedermachen anderer. Auflösen konnte er dieses destruktive Interaktionsmuster erst, als er seine Kindheitserfahrungen reflektierte. In seinem aktuellen Verhalten erkannte er ein altes Schema, und er erkannte auch das Leid, das damit verbunden war.

Um das Drama zu überwinden, muss man zur Quelle des Bedürfnisdrucks zurückgehen.

Auch hier hilft die Selbstbeobachtung, die zur Selbsterkenntnis führt. Dazu bedarf es einer gewissen Distanz zu sich selbst. Am besten, Sie schauen auf Ihr Leben zurück, als sähen Sie eine Fernseh-Doku über einen Wildfremden. Lassen Sie die Bilder vorbeiziehen. Wer ist dieser Mensch? Was für eine Geschichte hat er? Was machte ihn als Kind glücklich, was machte ihn unglücklich? Wie sahen die Beziehungsmuster aus? Brauchte er eine bestimmte Strategie, um Liebe zu bekommen? Erhielt er positive Zuwendung, ohne etwas dafür zu tun, oder musste er hart um Beachtung und Anerkennung kämpfen?

Missachtete Kinder entwickeln unbewusst erpresserische Strategien, die sie von da an begleiten und die sie als Erwachsene reproduzieren – auch und gerade dort, wo sie komplett unpassend sind. Die Angst vor Zurückweisung und Liebesentzug wird dann mit den falschen Mitteln bekämpft. So erreichen Dramaspieler das Gegenteil dessen, was sie beabsichtigen: Freundschaften bröckeln, Beziehungen scheitern, Teams zerfallen. Unaufhaltsam grenzen sie sich selbst aus. Nun können sie Nähe tatsächlich *nur noch* in Dramaspielen erleben. Sie brauchen die harte Konfrontation, um überhaupt etwas – und sich selbst – zu spüren. Oder sie fühlen sich nur lebendig, wenn sie jemanden »retten«. Möglich ist auch, dass ihnen nur noch die Opferrolle ein Gespür für sich selbst gibt – ich leide, also bin ich.

Eine dramafreie Person erkennt diese Defizite ihres Gegenübers und respektiert sie. Sie ist auch überhaupt nicht erschrocken über einen Wutaus-

Emotionale Bedürftigkeit ist ein permanenter Mangelzustand, der unbewusst durch Dramaspiele kompensiert wird.

bruch oder eine ungebetene Rettungsaktion, weil sie die emotionale Bedürftigkeit hinter der jeweiligen Rolle sieht. So kann sie angemessen reagieren: Sie fühlt mit und leidet nicht mit.

Es ist absolut verblüffend, wenn man diese Mechanismen erst einmal verstanden hat. Plötzlich betrachtet man viele Kommunikationssituationen, die man früher als quälend empfand, mit ganz neuen Augen. Oft lösen sich jahrelang schwelende Konflikte auf. Wir schauen nämlich meist auf die Sachebene und denken, es seien konkrete Themen, die in Dramaspielen verhandelt würden. In der Regel geht es um etwas ganz anderes: um negative emotionale Nähe.

Eine Schwiegertochter im Beziehungsclinch

Tamara, eine zweiunddreißigjährige Erzieherin, die wir bei einem Wochenendcoaching kennenlernten, berichtete Folgendes: »Ich hatte immer Ärger mit meiner Schwiegermutter. Nichts konnte ich ihr recht machen. Dauernd rief sie an und hielt mir Standpauken. Zum Beispiel fand sie, dass ich mich unmöglich anziehe und den Haushalt vernachlässige. Ich verteidigte mich, einige Male wurde ich auch laut. Manchmal drückte ich das Gespräch weg, weil ich schon Magenschmerzen bekam, wenn ich nur ihre Nummer auf dem Display sah.«

Sie betrachtete sich mal als Opfer der nörgelnden Schwiegermutter, mal stritt sie im Verfolgermodus mit ihr. Als Tamara mit der Idee der emotionalen Bedürftigkeit Bekanntschaft machte, ging ihr ein Licht nach dem anderen auf. Schließlich fasste sie sich ein Herz und rief ihre Schwiegermutter von sich aus an.

»Ich lud sie auf einen Kaffee ein, was sie total überraschte. Bei dem Treffen fragte ich sie, was eigentlich los sei. Sofort brach sie in Tränen aus. Schluchzend gestand sie mir: ›Seit ihr verheiratet seid, fühle ich mich ausgeschlossen.‹ Sie befürchtete, ihren Sohn zu verlieren. Ich antwortete mit einer Haltung, die ich im Coaching gelernt hatte, Mitgefühl statt Mitleiden: ›Ich verstehe, dass du das so empfindest. Ich verstehe, dass dieses Thema für dich belastend ist, aber wir sollten das lösen. Was können wir tun, damit es es dir besser geht? Was brauchst du?‹ Letztlich lief es darauf hinaus, dass die Mutter meines Mannes mehr Kontakt mit uns wollte.

Neuerdings gehen wir ein, zwei Mal im Monat zu dritt Kaffeetrinken. Natürlich herrscht nicht dauernd eitel Sonnenschein, aber die Standpauken sind Vergangenheit. Unsere Beziehung bewegt sich in einigermaßen normalen Bahnen. Meine Schwiegermutter kritisiert mich nicht mehr – was mich sehr verletzt hatte, und ich zeige ihr, dass ich ihr den Sohn nicht wegnehmen will.«

Viele Probleme werden konstruiert, um im Streit darüber emotionale Bedürfnisse zu befriedigen.

Solche Scheinprobleme führen natürlich völlig in die Irre. Tamara hatte angenommen, ihre Schwiegermutter störe sich tatsächlich an ihrem Kleidungsstil oder an bestimmten Haushaltsdingen. Entsprechend hatte sich Tamara gerechtfertigt, hatte über Klamotten und Staubsaugerbeutel diskutiert. Doch die Kritikpunkte der Schwiegermutter waren nur ein Vorwand für emotionale Auseinandersetzungen gewesen. Sie wollte ganz einfach Aufmerksamkeit und Anteilnahme, verknüpft mit starken Gefühlen. Da sie ihrem Empfinden nach nicht genug positive Beachtung erhielt, forderte sie negative Aufmerksamkeit in Form von Streitigkeiten ein. Dabei fühlte sie sich wahrgenommen, und sicherlich spürte sie so etwas wie eine Bindung – schließlich zwang sie Tamara dazu, sich intensiv mit ihr auseinanderzusetzen.

Die Frage: »Was brauchst du?« wirkt in einer vergifteten Kommunikationssituation wie ein heilsames Gegengift. Durch die – dramafreie – Frage kann sich das Gegenüber seiner wahren Bedürfnisse bewusst werden. Wahrscheinlich war der Schwiegermutter selbst nicht klar, dass sie sich nach mehr emotionaler Nähe sehnte. Indem sie Tamara zum Opfer permanenter Angriffe machte, erzwang sie diese Nähe, um den Preis stetiger Streitigkeiten. Nach der Klärung gab es keinen Anlass mehr für dieses Psychospiel.

Erkennen Sie die emotionale Bedürftigkeit bei sich und anderen, um die Motivation von Dramaspielen zu verstehen.

Bedenken Sie, dass niemand freiwillig Psychospiele spielt. Wir haben es immer mit alten Verletzungen, mit früh erfahrener Zurückweisung und großer Unsicherheit zu tun. Das betrifft eventuell auch Sie selbst. Überprüfen Sie Ihre Art der Gesprächsführung und Ihre Art, Beziehungen zu gestalten. Was drückt sich darin aus? Könnte es verborgene Absichten wie den Wunsch nach Nähe, Anerkennung und Bindung geben? Suchen Sie vielleicht Rollenkonstellationen, in denen starke negative Gefühle mitschwingen?

Übrigens ist es gut möglich, dass Sie ein dramafreies Verhalten erst einmal als Verlust empfinden. Keine bühnenreifen Szenen? Keine erregten Gespräche? Keine Showdowns? Wer daran gewöhnt ist und die Momente negativer Nähe lange genossen hat, wird diese Auftritte vermissen. Umso wichtiger ist es, aktiv nach positiven starken Emotionen zu suchen.

Wann fühlen Sie sich lebendig? Wann leben Sie Ihre volle Persönlichkeit aus? Was ist Ihre wahre Leidenschaft? Was macht Sie glücklich? Das könnte zum Beispiel Musik sein, starke Naturerlebnisse, ein Sport, der Ihnen guttut, eine erfüllte Sexualität, vielleicht auch eine sinnliche Massage. In jedem Fall sollte nicht nur Ihr Kopf, sondern auch Ihr Körper involviert sein. Wer nicht berührt wird und seinen Körper nicht spürt, wird nie ganz zu sich selbst gelangen. Pflegen Sie Ihr Ich!

Dramafreie Interaktion – wie Sie Ihre Beziehungen festigen

Falls Sie eine Neigung zu Dramaspielen haben, sind Sie nicht zwangsläufig ein komplett unglücklicher Mensch. Aber eben auch kein besonders glücklicher. Als Verfolger Dampf ablassen, das arme Opfer oder den edelmütigen Retter spielen, das mag sich zuweilen gut anfühlen. Doch dabei kommt es, wie wir gesehen haben, zu einigen Nebenwirkungen. In privaten wie auch professionellen Beziehungen verursachen Psychospiele Missverständnisse, Enttäuschungen, Vertrauensverluste. Solange Sie die Hysterie von Dramaspielen akzeptieren, werden Sie keine Tiefe, keine Nähe, keine Intimität von Bindungen erleben. In beruflichen Beziehungen werden Sie nie die Stufe des Vertrauens und des gegenseitigen Respekts erreichen. Sie bleiben stecken, ohne die Chance auf Weiterentwicklung. Aber sobald

Sie bereit sind, eine neue Sichtweise einzunehmen und das verborgene Leid zu verstehen, entspannt sich Ihr Grundmodus. Sie kommunizieren ohne Blockaden.

Ein Unternehmer in der Verfolgerrolle

Vor einiger Zeit kam ein Unternehmer zu uns, der es nicht schaffte, Kunden und Mitarbeiter dauerhaft zu binden. Die Kundenkontakte brachen immer wieder ab, Folgeaufträge blieben aus. Auch in seiner Firma sah es nicht besser aus. Mitarbeiter kündigten in Serie, durch die hohe Fluktuation hakte es in den internen Arbeitsabläufen.

Erst in unserem Seminar begriff der Mann, dass er auf jede Kritik mit verletzender Härte reagierte. Die Ursache lag in seiner Kindheit: Sein Vater hatte sogar kleinste Verfehlungen mit absoluter Abwertung und mit Liebesentzug bestraft. Die Ohnmacht und die Enttäuschung darüber hatte der Unternehmer in sein Erwachsenenleben mitgenommen. Regelmäßig verprellte er damit Kunden und Mitarbeiter. Die sahen in ihm ausschließlich den unangenehmen Chef und den inkompetent wirkenden Geschäftspartner. Er spielte das Verfolgerspiel, mit katastrophalen Auswirkungen. Erst als er lernte, ein qualifiziertes, neutrales Feedback zu geben, konnte er langfristige Beziehungen aufbauen und erfolgreich arbeiten.

Sobald jemand die Ursachen seiner Dramarollen erkennt und an ihnen arbeitet, verbessern sich die Beziehungen.

Wer hingegen seine negativen Teilpersönlichkeiten nicht auflöst, reagiert regressiv. Auf unreife, infantile Weise heißt es dann: Ich will Aufmerksamkeit! Ich will Zuwendung! Bald sind alle genervt von diesem Verhalten, was den Dramaspieler in seiner Regression bestätigt: Die anderen sind ja tatsächlich alle böse, gemein, desinteressiert! Und schon geht das Spiel weiter. Der Dramaspieler hängt fest – auf altes Leid folgt immer neues Leid. Daraus ergibt sich eine Paradoxie: Aus Angst vor dem Alleinsein wird man zum Dramadarsteller – und steht am Ende allein da.

Menschen, die in den Rollenspielen gefangen sind, empfinden Beziehungen als extrem anstrengend. Diese Tatsache beantwortet unter anderem die Frage darauf, warum so viele Menschen single sind: Sie ziehen es vor, allein zu sein, statt in einer Drama-vergifteten Beziehung zu leben. Kein Wunder, denn Rollenspiele sind von immensen Energieverlusten begleitet. Wer das Drama lebt, hat zwar die Urangst vor dem Alleinsein, tut aber alles, was Bindungen zerstört: Er fordert zu viel oder das Falsche, hat übersteigerte Erwartungen und ist extrem schnell enttäuscht.

Dramaspiele, die auf Bindungen abzielen, können nicht gutgehen, weil sie das Gegenüber überfordern und wegstoßen. Ein typisches Beispiel sind kontrollierende SMS – »Wo bist du? Was machst du? Wann kommst du nach Hause?«. Damit wird Druck ausgeübt. Der Partner fühlt sich in die Enge gedrängt, er kann nicht mehr frei atmen.

Die Sucht nach Nähe zerstört Nähe.

Wenn Sie selbst solche Verhaltensweisen ausprägen, bleiben Ihnen nur noch Menschen, die Ihr Faible fürs Drama teilen. Selten entstehen dadurch gute Beziehungen, weder privat noch beruflich. Man wird sich immer wieder an Ihnen reiben, und Sie werden sich immer wieder an anderen reiben. Das Gesetz der Attraktion von Gleich und Gleich ist hier wirksam. Was so viel heißt wie: Wer das Drama lebt, fühlt sich von anderen Dramaspielern magisch angezogen.

Solange Sie auf Psychospiele einsteigen, haben Sie geradezu ein Abonnement auf schlechte Beziehungen. Instinktiv spüren Sie, wenn Sie einen potenziellen Dramakandidaten vor sich haben: Hey, mit dem kann ich streiten, dass die Fetzen fliegen! Ich kann ihn kleinmachen, manipulieren, beherrschen! Wow, da ist ja jemand, der mich braucht! Endlich darf ich jemanden retten und mich dabei großartig fühlen! Oder Sie zucken zusammen und gehen innerlich auf Tauchstation: O Gott, diesem Menschen bin ich nicht gewachsen, dem muss ich mich unterordnen.

Wer seinen eigenen Hang zum Drama nicht reflektiert, sucht sich also unbewusst Mitspieler oder wird zum Objekt von Spielen. Was gäbe es Langweiligeres für Dramaspieler als jemanden, der völlig ruhig und authentisch bleibt, weil er die Mechanismen des Spiels kennt? Genau das wird Ihre neue Strategie sein: Dramaspiele durchschauen, Dramen verweigern, ruhig und authentisch bleiben.

Sobald Sie beginnen, Ihren positiven Kern zu stärken, geschieht etwas Großartiges: Dramaorientierte Menschen finden Sie nicht mehr interessant.

Vergebens werfen die Dramaspieler dann ihre Köder aus. Denn Sie reagieren einfach nicht mehr darauf. Ihre intrinsische Bereitschaft, generell auf Psychospiele einzusteigen, sinkt gegen null. Ganz schön frustrierend fürs Dramagegenüber, ganz schön erleichternd für Sie. Als Erstes werden Sie bemerken, dass Sie weniger Schwierigkeiten haben, auf andere zuzugehen. Daraufhin stellen Sie fest, dass sich Ihre Beziehungen nach und nach normalisieren. Sogar enge Bindungen, mit denen Sie gar nicht mehr gerechnet haben, sind jetzt drin.

Jeder mag Menschen, die dramafrei agieren. Sie haben einfach das bessere Energiefeld. Sie lächeln häufiger, strahlen Gelassenheit aus, wirken ausgeglichen, vertrauenswürdig, verlässlich.

Auch Sie wollen das? Dafür müssen Sie allerdings sehr ehrlich mit sich selbst sein. Denn auch wenn es in diesem Buch schon mehrfach darum ging, die eigene Neigung zum Drama zu ergründen, sind Sie vielleicht ja doch der Meinung, Psychospiele spielten nur die anderen. Willkommen im Club. Während unserer langjährigen Coachingarbeit haben wir nur sehr wenige Seminarteilnehmer kennengelernt, die spontan einräumten, etwas stimme nicht mit ihrem Verhalten. Sie konnten sich einfach nicht vorstellen, dass auch sie selbst Psychospiele in Gang setzen. Erst, wenn wir konkrete Beispiele schilderten, setzte der Wiedererkennungseffekt ein: Ach so, ja, das habe ich auch schon erlebt! Etwas kleinlaut folgte dann meist die zweite Erkenntnis: Hm, es sind ja gar nicht nur die anderen, die Psychospiele anzetteln. Ich selbst habe das auch schon getan. Nur habe ich es gar nicht gemerkt.

1. Verabschieden Sie sich bewusst von Psychospielen.
2. Erkennen Sie die Dramen, in die andere Sie ziehen wollen.
3. Neutralisieren Sie Ihre eigenen Verfolger-Retter-Opfer-Anteile.
4. Orientieren Sie sich an Ihrem Zielbild des dramafreien Ichs – weise und gleichzeitig heiter, lebendig, voller Lebensfreude.

Dramafrei agieren heißt, selbst Verantwortung zu über-nehmen, statt andere zu beschuldigen. Werden Sie sich der Rollen bewusst, in die andere Sie zwingen wollen. Beobach-ten Sie, was mit Ihnen passiert, wenn bestimmte Leute Sie aus der Reserve locken. Wenn jemand Sie ärgert, provo-ziert, einschüchtert, bevormundet, an Ihr Mitleid appel-liert. Wie verändert sich Ihre Körpersprache? Welche Gefühle überrollen Sie? Und denken Sie nach einem Zu-sammentreffen mit bestimmten Personen manchmal: Du liebe Güte, warum habe ich das denn jetzt gesagt? Oder: Wie blöd, was habe ich denn da gemacht?

Es ist, als ob eine fremde innere Stimme Sie zu seltsamen Aktionen treibt. Sie spüren: Das bin nicht ich, so möchte ich nicht sein, ich fühle mich unwohl, wenn ich so reagiere. Ein bisschen schizophren klingt das schon. Aber Persönlichkeit ist nun mal keine Sache aus einem Guss. Angenommen, Sie lassen sich leicht einschüchtern, dann zeigt sich in Ihrer Reaktion eine ängstliche Teilpersönlichkeit. Möglicher-weise sind Sie aber keineswegs der furchtsame Typ, son-dern reagieren nur bei bestimmten Kommunikationspart-nern mit ängstlichem Stillhalten.

Fragen Sie sich: Wann bin ich ich selbst? Und wann agiere ich in einer Weise, die mir selbst fremd ist?

Beobachten Sie sich aufmerksam. Trauen Sie dem Ge-fühl, »neben sich zu stehen«. Es ist ein verlässliches Zeichen dafür, dass Sie anders handeln, als es Ihrem Wesen ent-spricht. Und ein sicheres Zeichen dafür, dass Sie ein Dra-maspiel beenden müssen.

Souveräne Steuerungskompetenz – wie Sie Ihr inneres Kind und Ihr erwachsenes Ich in Einklang bringen können

Die buddhistischen Einsichten über einen achtsamen, respektvollen Umgang miteinander berühren sich mit einer psychologischen Persönlichkeitstheorie, die als Transaktionsanalyse bekannt ist. Seit Jahren beziehen wir diese Theorie in unsere Coachingarbeit ein. Sie beruht auf der Erkenntnis, dass Änderungen des Verhaltens positiven Einfluss auf die Selbstwahrnehmung und die Außenwahrnehmung haben.

Die Transaktionsanalyse betrachtet das Ich auf eine Weise, die dem buddhistischen Ansatz ähnelt: Wir alle haben ein »inneres Kind«. Es ist frei, spielerisch, vergnügt, es möchte lieben und geliebt werden. Im Laufe des Lebens entwickeln wir zusätzlich ein »erwachsenes Ich«, auch »reifes Ich« genannt. Im Zuge des Erwachsenwerdens kann es nun passieren, dass das innere Kind verkümmert. Schauen Sie sich typische verspannte Karrieremenschen an: Wo ist bei denen das Spielerische geblieben, die Leichtigkeit, die Fröhlichkeit? Oder betrachten Sie an einem beliebigen Samstagmittag die mürrischen Gesichter im Supermarkt: Wieso haben die Leute keinen Spaß? Warum wirken sie so gefrustet und gehetzt?

Wir alle haben die Chance, erwachsen zu werden, ohne das innere Kind zu vernachlässigen. Beim dramafreien Ich sind beide Anteile im Einklang. Das innere Kind darf seine intuitiven Bedürfnisse äußern und ausleben, das erwachsene, reife Ich trifft vernünftige Entscheidungen. Ein Dreamteam. Gemeinsam sorgen sie dafür, dass der Mensch sich wohlfühlt, empathisch kommuniziert, eine hohe Selbststeuerungskompetenz besitzt und Verantwortung für sein Wohlergehen übernimmt.

Das innere Kind

- fühlt sich frei und lebendig
- kann genießen
- ist sinnlich
- sieht die Dinge spielerisch
- hat viel Humor

Das erwachsene Ich

- sieht die Dinge, wie sie sind
- erkennt Ursache und Wirkung
- reflektiert das eigene Verhalten
- analysiert Situationen
- erkennt Muster
- kann systemisch denken
- übernimmt Verantwortung

Bei Verfolgern, Rettern und Opfern sind beide Ebenen unterentwickelt. Weder verhalten sie sich wie reife Erwachsene, noch kommt ihr inneres Kind zu seinem Recht. Das erwachsene Ich ist nicht voll ausgebildet, das innere Kind ist verletzt und gefesselt. Dramaspieler können nicht »erwachsen« denken, analysieren, handeln, sie leben aber auch nicht ihre spielerische, lustvolle Seite aus. Die Folge ist tiefe Frustration.

Verfolger – das Kontroll-Ich

- überkritisch
- zwanghaft
- strafend
- aggressiv
- egozentrisch

Retter – das unsichere Ich

- unreflektiert emotional
- wankelmütig
- überfürsorglich
- bevormundend
- besserwisserisch
- kontrollierend
- manipulativ
- außengesteuert

Opfer – das neurotische Kind-Ich

- angepasst
- unfrei
- ängstlich
- larmoyant
- resigniert
- zu nett
- zu freundlich
- zu passiv

Sie sehen schon – hier haben wir Persönlichkeitsstrukturen und Verhaltensweisen, die sich zwangsläufig negativ auswirken. Doch das ist eben kein abschließendes Urteil. Vielmehr handelt es sich um Teilpersönlichkeiten, die im Laufe der Zeit entstanden sind: durch unverarbeitete Erfahrungen, durch unreflektierte Gefühle, durch Ängste und eingefahrene Reaktionsmuster.

Es gibt keine unlösbaren Fälle. Sofern keine ernsthafte psychische Erkrankung vorliegt, kann jeder Mensch sich von belastenden Anteilen trennen. Er kann sein inneres Kind befreien, und er kann sein erwachsenes Ich reifen lassen. Das ist die Voraussetzung für aktives Selbstmanagement. Begleitend zum Achtfachen Pfad gibt es vier Schritte, mit denen Sie jetzt sofort beginnen können:

- beobachten
- beschreiben
- verstehen
- verändern

Jede einzelne Phase bringt einen Gewinn.

- Aus der Beobachterposition halten Sie das Drama auf Abstand.
- Die Beschreibung einer Situation hilft beim Durchschauen von Dramamustern.
- Das Verständnis für die Motive von Dramaspielern erzeugt Verständnis für das innere Kind des anderen.
- Die Veränderung des Verhaltens verbessert die Kommunikation und die Beziehung, weil beide Beteiligten das Liebesbedürfnis ihres inneren Kindes ausleben können.

Schauen Sie genau hin, falls Sie merken, dass ein Dramaspiel startet. Und dann stellen Sie sich vor, wie Sie im besten Falle sein möchten: entspannt, aufgeschlossen, freundlich, empathisch, anerkannt. Das Ziel ist die komplett dramafreie Persönlichkeit, zusammengesetzt aus dem reifen erwachsenen Ich und dem freien inneren Kind. Folgende Basisregeln gilt es dabei zu berücksichtigen:

- Aggressionen vermeiden – sie vertiefen Spannungen
- Jammern weglassen – es verhindert Lösungen
- Überfürsorglichkeit ablegen – sie lenkt von eigenen Problemen ab
- Sich selbst lieben und respektieren – nur so kann man andere respektieren und ein klares Feedback geben
- Zielorientiert statt problemorientiert denken
- Probleme als Herausforderungen wahrnehmen – und sich ihnen stellen

- Eigene Fehler akzeptieren – sie bedeuten, dass man sich engagiert und wertvolle Erfahrungen sammelt

Bedenken Sie: Ohne Persönlichkeitsentwicklung gibt es kein intaktes Privatleben und kein erfolgreiches Arbeitsleben. Aufbauend auf den oben stehenden Grundregeln, können Sie lernen, wie Sie die täglichen Herausforderungen dramafrei meistern. Probleme und Konflikte ändern sich ja nicht von heute auf morgen. Was sich ändert, ist Ihre Einstellung dazu. Stress ist nie das, was uns passiert, Stress ist das, was wir daraus machen. Beispielsweise kann uns ein Streit stark belasten, er kann uns aber auch als Herausforderung willkommen sein, etwas zu klären. Eine dramafreie Persönlichkeit ist gewappnet. Sie reagiert nicht mehr unbewusst, sondern stellt sich der jeweiligen Situation. Dabei sind zwei Wünsche zielführend:

1. Ich möchte, dass es meinem inneren Kind gut geht.
2. Ich möchte Konflikte mithilfe meines erwachsenen, reifen Ichs lösen.

Das Zusammenspiel von freiem inneren Kind und erwachsenem, reifem Ich verleiht Ihnen eine hohe Steuerungskompetenz. Nutzen Sie den Verstand Ihres reifen Ichs, er ist ein brillantes Instrument. Nutzen Sie gleichzeitig das liebesorientierte innere Kind, das glücklich sein möchte und keinerlei Interesse an nervenzerfetzenden Konflikten hat. Dann übertragen Sie diese Haltung auf Ihren Gesprächspartner.

Ihr eigenes inneres Kind reicht dem inneren Kind des Gegenübers die Hand: »Hey, dir geht es schlecht. Ich sehe das. Ich sehe, dass du leidest. Und ich erinnere dich jetzt daran, dass du ein Recht auf Liebe, auf Spaß, auf Wohlfühlen hast.«

Ihr eigenes reifes Erwachsenen-Ich gibt dem Drama-Ich des Gegenübers eine Chance zur Weiterentwicklung:

»Was willst du wirklich? Wie willst du Verantwortung für dich übernehmen? Du schaffst das allein, und ich unterstütze dich nur, wenn du es möchtest.«

Wenn Sie diese inneren Monologe mit den Mechanismen von Dramaspielen vergleichen, ist der Unterschied so groß wie zwischen einem aufgewühlten Meer und der glatten Fläche eines Sees. Um im Bild zu bleiben: Solange Sie sich im turbulenten Wellengang über Wasser halten müssen, sind Sie vollauf damit beschäftigt, nicht zu ertrinken. Schwimmen Sie jedoch in einem ruhigen See, handeln Sie absolut souverän. Sie nehmen alles wahr, sich selbst und die Umgebung, und Sie können jederzeit entscheiden, wohin Sie schwimmen möchten. Das ist der Unterschied zwischen Drama und Nicht-Drama, zwischen Psychospielen und authentischer Kommunikation.

Die Exitstrategie – welche 4 Schritte wichtig sind

Das Folgende ist sozusagen das Basisprogramm, bei Bedarf auch der Notfallkoffer – bei Streitigkeiten genauso wie in allen anderen verfahrenen Kommunikationssituationen. Es könnte nicht schaden, wenn Sie sich die einzelnen Stationen auf einen Zettel schreiben und an den Badezimmerspiegel hängen. Betrachten Sie diese Strategie als Ihren persönlichen Begleiter auf dem Weg in die Freiheit.

1. Schritt: Selbstwahrnehmung

Wie fühlt sich Ihr Körper an? Wird Ihnen heiß? Spüren Sie eine merkwürdige Enge in der Brust? Beginnt Ihr Herz zu rasen? Ballen Sie die Fäuste? Haben Sie plötzlich ein flaues Gefühl im Magen? Was sind das für Indikatoren? In welchen Momenten reagieren Sie auf diese Weise?

2. Schritt: Situationsanalyse

Offenbar läuft gerade ein Psychospiel. Welches? Was sind die geheimen Absichten des Gegenübers? Fallen typische Verfolgersätze? Tauchen Retterambitionen auf? Klagt jemand in Opfermanier, oder fühlen Sie sich selbst als Opfer?

3. Schritt: Beobachterposition

Dissoziieren Sie sich vom Geschehen. Klinken Sie sich innerlich aus und beobachten Sie die Szene quasi von oben. Beobachten Sie auch sich selbst. Distanzieren Sie sich von Ihren Gefühlen. Denn Ihre momentanen negativen Emotionen gehören nicht zu Ihnen, sie sind von außen provoziert.

4. Schritt: Klares Feedback

Dieser Schritt führt zur entscheidenden Verhaltensänderung und wird in den Kapiteln 4, 5 und 6 anhand vieler Beispiele ausführlich beschrieben. Grundsätzlich gilt: Gehen Sie direkt auf Ihren Gesprächspartner ein, nicht auf die Themen, die er anspricht. Fragen Sie ihn, was er fühlt, was er braucht, artikulieren Sie Ihre eigenen Gefühle, formulieren Sie positive Zielvorstellungen. Bei alldem bleiben Sie ruhig, ohne den emotionalen Zustand des Gegenübers zu spiegeln. Sie beantworten also Wut nicht mit Wut und beginnen nicht zu jammern, wenn das Gegenüber jammert. Sie bleiben neutral. Sie lassen sich auf keinen Fall zu irgendetwas hinreißen, was nicht Ihrem Wesen entspricht.

Diese vier Schritte kann man üben. Probieren Sie es, in jeder Situation, die Ihnen irgendwie unangenehm ist.

Jemand kommt Ihnen komisch? Jemand strapaziert Ihre Geduld? Jemand nutzt Sie aus? Schauen Sie hinter die Kulissen und analysieren Sie das Psychospiel. Aus der Beobachterposition heraus ist es so gut wie ausgeschlossen, dass Sie ungewollt in eine Dramarolle fallen.

Ärger im Fußballverein

Harro, 46, spielte seit Langem in einem Amateurfußballverein. Nur so aus Spaß, als Gegenpol zu seiner Arbeit als Informatiker: raus aus dem Büro, rein in die Bolzklamotten, danach mit den Vereinskameraden ein Bierchen trinken. Für Trainer Gerd-Ulrich hielt sich der Spaßfaktor in Grenzen. Überehrgeizig trieb er die Mannschaft an und stauchte sie regelmäßig zusammen. Gerd-Ulrich hatte Harro besonders auf dem Kieker. Kaum ein Training, nach dem er ihn nicht wie einen kleinen Jungen runterputzte – er sei eine Pfeife, passe nicht in die Mannschaft, sei schlecht anspielbar.

Dabei spielte Harro nicht besser oder schlechter Fußball als andere Vereinsmitglieder. Es gab also keinen Anlass, gerade ihn aufs Korn zu nehmen. Trotzdem hatte er diese Tiraden immer über sich ergehen lassen, aus Angst, dass er sich endgültig mit Gerd-Ulrich zerstreiten könnte. Er hasste den Trainer, aber er liebte es, in diesem Verein zu spielen, und wollte es auf keinen Fall zum Bruch kommen lassen.

Nach unserem Wochenendseminar wandte Harro die Vier-Schritte-Methode an. Er war gespannt und auch ein bisschen unsicher, wie die Sache ausgehen würde. Aber eines wusste er: Er wollte aussteigen – nicht aus dem Verein, sondern aus einem Psychospiel. Beim nächsten Training wartete er ab, bis der Trainer wieder auf ihn losging. Normalerweise hätte Harro passiv dagestanden und irgendeine Entschuldigung gemurmelt. Die Opferhaltung also. Jetzt befolgte er die vier Schritte.

1. Schritt: Selbstwahrnehmung

Harros Körper funkte regelrecht SOS. Sein Herz klopfte bis zum Hals, eine ungesunde Hitze überlief seinen Körper, seine Kiefermuskeln spannten sich derart an, dass er mit den Zähnen mahlte. Er wunderte sich über sich selbst. Bestimmt war das alles auch schon früher mit ihm passiert, wenn er einen Anpfiff vom Trainer bekam. Warum hatte er das nie bemerkt? Jetzt spürte er Wut, Angst, Erbitterung. Und er wusste: Okay, dies ist ein Dramaspiel, und zwar ein extrem mieses. Was jetzt?

2. Schritt: Situationsanalyse

Nachdem Harro festgestellt hatte, was das Psychospiel mit ihm machte, sah er es sich genauer an. Wie agierte der Trainer? Welche Rolle nahm er ein? Es war eine Mischung aus Verfolger- und Retterspiel, wie Harro schnell erkannte. Einerseits wertete der Trainer ihn ab (»du bist hier nur Sand im Getriebe, deine Pässe sind unter aller Sau«), andererseits pumpte er sich als Retter auf (»mach endlich, was ich dir sage, aber einer wie du braucht ja einen ordentlichen Anschiss, damit er aus dem Quark kommt«).

3. Schritt: Beobachterposition

Nun nahm Harro die Vogelperspektive ein. Mit einer imaginären Kamera filmte er die Szene von oben. Auf einmal wirkte der Trainer kleiner, unsicherer, und Harro registrierte, wie auch seine eigene Wut, seine Angst, seine Erbitterung kleiner wurden. Am Ende sah er zwei Menschen wie im Reagenzglas eines Experiments. Der eine spielte sich auf, machte ein Riesengetöse, der andere – Harro – ließ das ganze Theater an sich abperlen. Es hatte nichts mit ihm zu tun. Nur mit dem Urheber, dem Trainer. Auch die negativen Gefühle gehörten nicht zu Harro, denn es waren lediglich Spiegelungen des wütenden Trainers.

4. Schritt: Klares Feedback

Jetzt kam der schwierigste Teil: ein klares, dramafreies Feedback geben. Harros Begeisterung über diesen vierten Schritt hielt sich in Grenzen. Er hatte sich angewöhnt, den Trainer genauso abzuwerten wie der ihn. Vollpfosten nannte Harro ihn gern. Doch er traute sich, sein altes Muster zu durchbrechen. Vor ihm stand kein Idiot, kein Monster, nur ein ganz normaler, etwa gleichaltriger Mann, der sich wie ein hysterischer Despot aufführte. Mit ruhiger Stimme fragte Harro: »Was möchtest du von mir? Gibt es etwas, was ich für dich tun kann?« Damit brachte er den Trainer völlig aus dem Konzept. Der hatte nämlich gar kein Gespräch gewollt, sondern nur ein Opfer, das er nach Lust und Laune drangsalieren konnte.

Harro lud ihn in die Vereinskneipe ein, und es wurde ein langer Abend. Einige Biere gingen über den Tresen, bis Harro das Dramaspiel des Trainers völlig durchschaute. Mit seinen Fragen »Was möchtest du von mir? Gibt es etwas, was ich für dich tun kann?« hatte er einen wunden Punkt getroffen. Gerd-Ulrich gestand, er fühle sich von der Mannschaft nicht akzeptiert. Durch seine tumultartigen Auftritte wollte er sich Respekt verschaffen, wollte auf sich und seine Kompetenzen aufmerksam machen. Letztlich trieb ihn eine irrationale Angst vor Zurückweisung an, denn die Mannschaft akzeptierte ihn durchaus. Nur eben nicht so, wie er sich das wünschte.

Die Taktik hinter dem Drama

Das Drama hatte Gerd-Ulrich angezettelt, weil ihm die normale Beachtung nicht reichte. Er war emotional bedürftig, wollte immer mehr und war gekränkt, dass man ihn – gerade wegen seiner Wutanfälle – nach dem Training normalerweise nicht mit in die Kneipe einlud. Er hatte sich also selbst ein Bein gestellt mit seinem Psychospiel. Harro erzählte später, wie sich das Klima im Verein mittlerweile verändert hatte. Seit er wusste, dass der Trainer extrem empfindlich auf vermeintliche Zurückweisungen reagierte, nahm er ihn demonstrativ mit in die Vereinskneipe. Bald normalisierte sich die Atmosphäre. Beste Freunde sind die beiden nicht geworden, aber das Dramaspiel ist vorbei. Neben den vier Schritten hatten wir Harro einen weiteren Hinweis gegeben:

Wichtig ist es, dass man in belastenden Situationen positive Zielbilder visualisiert.

Stellen Sie sich vor, dass es am Ende eines klärenden Gesprächs beiden Gesprächspartnern gut geht, und verinnerlichen Sie dieses Resultat. Dann ist der Verlauf der Klärung von Wohlwollen begleitet. Harro brauchte also keine bestimmte Taktik, er ließ einfach sein Unterbewusstsein arbeiten. Aus der Zielvorstellung heraus ergab sich der Flow. Harros Ziel war es, im Verein zu bleiben und gut mit dem

Trainer auszukommen. Das Ergebnis dieser Zielvorstellung war ein kooperatives, statt konfrontatives Verhalten. Aus diesem Grund konnte Harro auch empathisch agieren, obwohl ihm der Trainer mächtig auf die Nerven ging.

Einfach gesagt: Wenn Menschen spüren, dass man sie mit Wohlwollen betrachtet, zeigen sie ihre besten Seiten.

Dieser Satz übersteigt bei Weitem die Binsenweisheit: So wie man in den Wald hineinruft, so schallt es heraus. Freundlich tun kann jeder. Das hat aber meist mit trickreicher Verstellung zu tun, nicht mit echter Freundlichkeit. Wohlwollen ist dagegen eine innere Haltung. Es ist die Bereitschaft, noch im scheinbar anstrengendsten, unsympathischsten Gegenüber den bedürftigen Menschen zu sehen, der letztlich nur geliebt werden will. Und wollen wir das nicht alle? Geliebt werden?

> Sehen Sie im problematischen Kommunikationspartner immer zuerst den liebesbedürftigen Menschen.

Die pampige Verkäuferin, der maulige Chef, die aufdringliche Freundin, sie alle versuchen letztlich, irgendwie Liebe und Anerkennung zu ergattern. Also überlegen Sie gut. Wollen Sie diese Menschen abblitzen lassen, provozieren, nerven – und auf die Psychospiele einsteigen? Nein, Sie können etwas weit Besseres tun: in Resonanz gehen. Schwingen Sie sich ein auf den Menschen, der hinter dem Drama steht. Nehmen Sie echten Kontakt mit diesem Menschen auf, sprechen Sie ihn in seinem innersten Kern an.

Sie kennen den Begriff Resonanz vielleicht aus der Physik. Da spricht man von schwingungsfähigen Systemen und meint das in Bezug auf materielle Stoffe. Doch auch im zwischenmenschlichen Bereich existieren Schwingungen. Wir alle surfen im Grunde auf derselben Frequenz mit unseren Bedürfnissen. Das vergisst man leicht, wenn jemand die Frequenz wechselt und sich von seiner schlechtesten Seite zeigt: wenn er klagt, schimpft, bevormundet. Aber das ist nur das Drama, das er veranstaltet. Lassen Sie sich nicht täuschen. All die Nörgler, Wichtigtuer und Besserwisser, die Ihnen das Leben schwermachen, warten insgeheim nur darauf, dass sie in ihrem innersten Wesen gesehen und angenommen werden.

Das kostet ein bisschen Überwindung, zugegeben. Erstens, weil wir Dramaspieler selten sympathisch finden, zweitens, weil Rollen ja auch

Sie können das Drama neutralisieren, indem Sie trotz der Psychospiele in Resonanz gehen und Ihr Gegenüber anerkennen.

herrlich bequem sein können. Wir richten uns darin ein, wir befolgen vertraute Muster und müssen nicht weiter nachdenken. Doch die Rollen, die Sie spielen, schaden Ihnen. Wenn Sie sich zu viele Sorgen machen, wenn Ärger, Wut, Neid, Gier, Eifersucht, Angst und Trauer in Ihnen die Oberhand gewinnen, kann es Ihnen nicht gut gehen.

Beobachten Sie Ihre eigenen Emotionen. Falls etwas nicht stimmt, vermeiden Sie es, andere in Ihre momentan desolate Gefühlswelt einzubeziehen. Kümmern Sie sich um sich selbst, gehen Sie in sich, erforschen Sie die Ursache Ihrer schlechten Gefühle. Und noch etwas: Hören Sie auf, das klagende Opfer zu sein – übernehmen Sie Verantwortung für sich! Hören Sie auf, den Retter mit dem Heiligenschein zu spielen – helfen Sie nur dort, wo es wirklich nötig ist! Hören Sie auf, andere im Verfolgerton abzuwerten – finden

Sie konstruktive Lösungen auf Augenhöhe! Am wichtigsten aber: Hören Sie auf, endlos herumzudiskutieren – handeln Sie!

Aktive Gesprächsgestaltung – wie Sie dramafrei kommunizieren und ein klares Feedback geben

Sie kennen nun Funktionsweisen und Ursachen von Dramaspielen sowie einige Lösungsansätze. Rufen Sie sich noch einmal vor Augen, dass der Psychospieler bestimmte Reaktionen von Ihnen erwartet – Rollenmuster also. Genau diese Erwartung werden Sie von nun an durchkreuzen: solidarisch, aber distanziert und ohne rollentypische Verhaltensweisen.

Ihr Ziel ist die dramafreie Kommunikation, und die können Sie bewusst steuern – durch die Art Ihrer Gesprächsführung.

Wie bereits anklang, ist ein klares Feedback der wichtigste Schritt zur Verhaltensänderung. Es ermöglicht uns, respektvoll und deutlich zu sagen, was uns an einem Psychospiel stört, welche Gefühle es in uns auslöst und was wir für die Zukunft möchten. Durch diese Art des Feedbacks wird das Gegenüber aus dem Drama geführt, weil es

- sich nicht abgewertet fühlt
- den anderen nicht abwerten muss
- sein eigenes Verhalten reflektieren kann, wenn es möchte
- mit der anderen Person in Verbindung bleibt
- einen Lerneffekt für sich mitnehmen kann

Die positiven Auswirkungen einer bewusst gestalteten Gesprächstaktik bestehen für den »Feedbackgeber« darin, dass

- die Unwissenheit beseitigt ist, wie »man« so etwas anpackt
- er sich sicher fühlt, den anderen nicht emotional dramatisch zu verletzen
- er sich seiner eigenen Gefühle deutlich bewusst wird
- er sich darüber klar wird, was er möchte
- er Verantwortung für sich selbst und seine Wünsche und Ziele übernimmt

In der Summe geht es darum, lösungs- und zielorientiert zu agieren statt:

- zu schweigen und alles runterzuschlucken
- schlechte Gefühle anzustauen
- sich irgendwann zu rächen – im Verfolgermodus
- emotional verletzend zu werden – im Verfolgermodus
- traurig erpressend zu agieren – im Opfermodus
- sich über den anderen therapeutisch zu erheben – im Rettermodus

Ein klares Feedbackgespräch besteht aus drei Phasen:

PHASE 1: Beschreibung der Sachlage

Beschreiben Sie das Verhalten, das Sie am Gegenüber stört – ohne es zu bewerten. Anfangs wird Ihnen das nicht leichtfallen, weil wir in Dramasituationen sehr schnell mit unseren Urteilen sind. Wir sagen beispielsweise: »Ich finde es gemein, was du mir an den Kopf wirfst«, oder: »Du hast dich unmöglich aufgeführt«. Es erfordert schon einen gewissen inneren Abstand, um diese Form der Beurteilung und Verurteilung zu überwinden und beispielsweise zu sagen: »Du machst mir permanent Vorwürfe«, oder: »Dein Verhalten irritiert mich«. Der spirituelle Lehrer Krishnamurti befand sogar, es sei die höchste Form menschlicher Intelligenz, ein Verhalten zu beschreiben ohne es zu bewerten.

Körperhaltung bei der Beschreibung der Situation

Ihre Körperhaltung drückt nicht nur Emotionen aus, sie erzeugt auch Emotionen in Ihnen. Wenn Sie zusammengesunken auf einer Couch sitzen, fühlen Sie sich auch seelisch klein und schwach. Deshalb ist es wichtig, auf der körperlichen Ebene Stärke zu zeigen:

- halten Sie sich aufrecht
- straffen Sie Ihre Schultern
- beugen Sie sich nicht nach vorn oder nach hinten
- spiegeln Sie die Körpersprache des Dramaspielers nicht, weil Sie sonst auch seine Gefühle übernehmen

Stimmlage bei der Beschreibung der Situation

Versuchen Sie, bewusst neutral zu sprechen, in etwa wie ein Nachrichtenmoderator:

- nicht emotional
- eher langsam als schnell
- eher leise als laut
- eher mittlere Tonlage (nicht zu hoch, nicht zu tief)

Wählen Sie Ihre Worte bewusst

Beschreiben Sie nüchtern und ohne Emotionen, was Sie im sachbezogenen Verhalten Ihres Gegenübers sehen und hören. Vermeiden Sie Sätze, die bewertend klingen.

- Keine Formulierungen, die mit »Du bist ...« beginnen
- Keine Generalisierungen (»immer ...«, »alle ...«)

- Keine Negationen (»Du sollst nicht, ich möchte nicht …«)
- Keine Vorwürfe (»Sie sind an allem schuld!«)

PHASE 2: Beschreibung der Gefühle

Beschreiben Sie nun, welche Gefühle das Verhalten Ihres Gegenübers in Ihnen auslöst. Versuchen Sie, dabei als distanzierter Beobachter Ihrer selbst aufzutreten. Wenn Sie zu starke Worte verwenden, zum Beispiel: »Ich bin total sauer«, kann das ein neuerliches Drama auslösen. Sachlichere Formulierungen sind:

- »Ich bin verärgert«
- »Ich bin verletzt«
- »Ich bin irritiert«
- »Ich bin verwundert«
- »Ich bin erschrocken«
- »Ich bin genervt«
- »Das macht mir Angst«
- »Das macht mir Sorgen«

Körperhaltung bei der Beschreibung Ihrer Gefühle

In dieser Phase sollten Sie in Bewegung kommen, um bewusst die Emotion zu spüren, die Sie ausdrücken wollen. Beugen Sie sich beispielsweise kurz leicht nach vorn oder nach hinten. Mit dieser Technik stimulieren Sie Ihre Hirnchemie – Endorphine und Morphine werden ausgeschüttet, und Sie nehmen auch körperlich wahr, worüber Sie sprechen.

Stimmlage bei der Beschreibung Ihrer Gefühle

Jetzt sollte Ihre Stimme den Worten des Gefühls angemessen klingen. Verlassen Sie also die neutrale Stimmebene, ohne allzu theatralisch zu werden. Mit der Zeit entwickeln Sie ein Sensorium dafür, wann Ihre Stimme das Gesagte authentisch transportiert.

PHASE 3: Beschreibung der Zielvorstellung

Schildern Sie genau, was Sie sich in der Zukunft von Ihrem Gegenüber wünschen. Diese Zielvorstellung hilft Ihnen, negative Emotionen in positive zu transformieren. Konstruktive Sätze beginnen – abgestimmt auf Person und Situation – mit den Worten:

- »Ich wünsche mir ...«
- »Ich bitte dich ...«
- »Ich möchte ...«
- »Ich erwarte von dir ...«

In Situationen, in denen es wichtig ist, die Autorität klarzustellen (also etwa bei Kindern oder gegenüber Auszubildenden), sollten Ihre Sätze mit den Worten anfangen:

- »Ich will ...«

Körperhaltung bei der Beschreibung der Zielvorstellung

Ihre Haltung ist nun wieder aufrecht. Damit unterstreichen Sie Ihre Entschlossenheit, einen eigenen Standpunkt unabhängig vom Dramaspieler einzunehmen. Zugleich signalisieren Sie sich selbst, dass Sie bei sich sind.

Stimmlage bei der Beschreibung der Zielvorstellung

Auch die Stimmlage kehrt zur Ausgangsposition der ersten Phase zurück. Sprechen Sie jetzt nicht emotional, sondern sachlich und eher leise als laut. Schließlich haben Sie Ihre Gefühle bereits zum Ausdruck gebracht und bereiten jetzt Zielvereinbarungen vor. Wichtig ist auch, dass Sie nicht zu schnell reden, damit das Gehirn des anderen Ihre Sätze verarbeiten kann.

Bei dieser Art der Gesprächsführung wahren Sie emotionalen Abstand. Deshalb kann man Sie weder in eine Rolle drängen noch Dinge von Ihnen verlangen, die Sie nicht wollen. Das Dramaangebot perlt an Ihnen ab. Sie bleiben Sie selbst, ohne sich in die negativen Emotionen des Gesprächspartners hineinziehen zu lassen. Zugleich signalisieren Sie Interesse am Gegenüber, nicht etwa Gleichgültigkeit.

Sie müssen also keineswegs befürchten, dass sich Ihre Beziehungen verschlechtern, wenn Sie dramafrei kommunizieren. Ganz im Gegenteil: Ihre Beziehungen werden klarer, vertrauensvoller und harmonischer, Ihr gesamtes Leben gewinnt eine völlig neue Qualität, wenn Sie konsequent aus Psychospielen aussteigen.

Wie die Umsetzung konkret aussehen kann, erfahren Sie in den nächsten drei Kapiteln. Anhand von Fallbeispielen können Sie nun unmittelbar nachvollziehen, wie Dramen aufgelöst werden. Natürlich handelt es sich dabei um idealtypische Lösungen, die nicht gleich beim ersten Anwendungsversuch perfekt klappen, denn es geht ja um vieles gleichzeitig, um die mentale Einordnung, die richtigen Worte, das Körperliche, die Stimmlage. Doch es lohnt sich, daran zu arbeiten. Probieren Sie es aus!

Opferspiele: *Ich bin nicht okay, die anderen sind okay*

Die Hektikertechnik: »Ich bin total überlastet«

Svenja, 37, ist bei ihrer Freundin Julia zu Besuch. Drei Mal hatte Julia schon Verabredungen abgesagt, heute hat Svenja jedoch Geburtstag, und es soll ein netter Nachmittag werden. Aber Julia steht völlig unter Strom. Während sie mit hektischen Gesten das gelb-weiß geblümte Kaffeeservice aus dem Küchenschrank holt, schüttelt sie den Kopf: »Mist, ich bin nicht dazu gekommen, Kuchen zu kaufen. Zu viel Stress! Ich bin völlig überlastet!«

Auch ein Geburtstagsgeschenk hat sie nicht besorgt. Da Svenja die Opferrolle ihrer Freundin akzeptiert, schluckt sie ihre Enttäuschung herunter. Das ermutigt Julia, weiterhin im Opfermodus zu sprechen: »Du glaubst gar nicht, wie anstrengend das ist: ein anspruchsvoller Job, zwei kleine Kinder und ein Mann, der nichts im Haushalt tut. Da kommt man zu nichts.«

Seufzend fügt sich Svenja in ihre Retterrolle. Sie baut mit den Kindern eine Burg aus Bauklötzen, während Julia telefonierend durch die Wohnung läuft. Danach holt sie für Julia ein Paket in der Nachbarwohnung ab. Ihren Geburtstag hat sie sich wirklich anders vorgestellt. Doch irgendwie ist Julias Hektik ansteckend. Auch Svenja fühlt sich schon ganz kribbelig. In ihrer Retterrolle leidet sie mit, wird selbst nervös, ahmt unbewusst die fahrigen Gesten ihrer Freundin nach.

Nachdem Svenja auch noch die Spülmaschine ausgeräumt und den Kindern eine Geschichte vorgelesen hat, reißt ihr Geduldsfaden. »Sag mal, für wen hältst du dich eigentlich? Kein Kuchen, kein Geschenk, stattdessen spannst du mich als Aushilfe ein – du bist eine schreckliche Egoistin!« Auf der Stelle bricht Julia in Tränen aus, womit sie ihre Opferrolle intensiviert. »Du bist gemein. Siehst du denn nicht, dass ich gar nicht mehr weiß, wo mir der Kopf steht?« Svenja fällt in die Retterrolle zurück. »Entschuldige. Stimmt. Weißt du was? Ich melde dich für ein Seminar über Selbstmanagement an.« »Wie bitte?« Julia ist empört und geht in den Verfolgermodus. Nach der Selbstabwertung »Ich bin überlastet« folgt nun die Abwertung ihrer Freundin. »Ausgerechnet du willst mir sagen, wo es langgeht? Du hast doch keine Ahnung. Was kriegst du denn schon auf die Reihe?« Das Klingeln des Handys beendet den Streit. Türen schlagend verlässt Svenja die Wohnung.

»Ich bin überlastet« ist ein beliebtes Opferspiel. Warum es so gut funktioniert? Überarbeitet zu sein, gilt in der Leistungsgesellschaft als Zeichen eines hohen Arbeitsethos: Nur wer sich ungewöhnlich stark engagiert, kann überlastet sein. Diese Gleichung geht jedoch nicht auf, wenn jemand das Opferspiel spielt. Subjektiv mag er sich gestresst fühlen, objektiv arbeitet er vermutlich genauso viel, häufig sogar weniger als andere. Insofern ist die permanente Klage eine bewusste oder unbewusste Strategie, das Umfeld zu manipulieren.

Den Opfer-Satz »Ich bin überlastet« kennen wir alle. Meist dient er als Rechtfertigung: »Ich habe deinen Geburtstag vergessen, weil ich total überarbeitet bin.« »Ich kann dich nicht treffen, ich habe jede Menge zu tun.« Zugleich vermittelt das Opfer seinem Gegenüber die Botschaft: Du bist jetzt mein Anker und mein Rettungsboot. In deiner Hand liegt mein Schicksal. Hilf mir!

Dem Retter fällt es schwer, die manipulative Taktik zu durchschauen. Er sieht nur, dass jemand an sein Mitgefühl appelliert. So verwandelt er sich in einen Notfallhelfer oder wird dauerhaft zum Retter in einem Psychospiel, das ihn Zeit und Nerven kostet. Indem er für das Opfer die Kastanien aus dem Feuer holt, laviert er sich selbst in die Opferrolle, fängt an zu jammern und gibt die Schuld dem Dramaspieler. Wird ihm jedoch alles zu viel, wechselt er in den aggressiven Verfolgermodus.

Spielgewinne für das Opfer:

- Es erzeugt Respekt durch seinen scheinbar hohen Leistungswillen.
- Es bekommt mehr Hilfe und Zuwendung als normalerweise üblich.
- Es schiebt die Verantwortung anderen zu und muss sich deshalb nicht für seine Versäumnisse rechtfertigen.

Spielverluste für den Retter (der situativ auch zum Opfer und zum Verfolger wird):

- Er fühlt sich zu Hilfeleistungen verpflichtet, weil er es vermeintlich besser hat als das Opfer.
- Er übernimmt ungewollt Verantwortung für jemanden, der dies selbst tun könnte und müsste.
- Er ist insgeheim frustriert, weil seine eigenen Bedürfnisse zu kurz kommen.

Fragen, die Sie sich stellen sollten, falls Ihnen solche Situationen bekannt vorkommen:

- Müssen Sie ständig für jemanden da sein, der eigentlich gut für sich selbst sorgen könnte – also beispielsweise weder ein Kind noch ein gebrechlicher Mensch ist?
- Warum fühlen Sie sich verpflichtet, für diese Person da zu sein?
- Spielen Schuldgefühle eine Rolle?
- Ängstigen Sie sich um das Wohl dieses Menschen, weil er Andeutungen über eine tiefe Erschöpfung macht?
- Was würde geschehen, wenn Sie die erbetene Hilfe verweigern würden?
- Haben Sie den Eindruck, dass diese Person ihr Leben wirklich verbessern möchte?

Spielausstieg – klares Feedback

Klassisch ist der Spielstart durch die Selbstentwertung: »Ich schaffe es nicht, ich bin total überlastet.« Man nimmt ihn als Entschuldigung wahr und ist deshalb geneigt, unzumutbares Verhalten zu akzeptieren. In Wahrheit aber handelt es sich um eine Taktik.

PHASE 1: Beschreibung der Sachlage
Skript*: »Du hast mich zum Geburtstagskaffee eingeladen, doch du hast weder etwas vorbereitet noch Zeit für mich.

---

* Als Skript bezeichnet man das »Drehbuch« einer Kommunikationssituation.

Stattdessen muss ich für dich einspringen. Das begründest du damit, dass du überlastet bist. Dabei fallen Sätze wie: ›Du glaubst gar nicht, wie anstrengend das alles ist.‹«

Körpersprache: Svenja steht gerade, sie hat ihren Körper unter Kontrolle, im Gegensatz zu den hektischen Bewegungen ihrer Freundin. Ganz bewusst übernimmt Svenja nicht deren Körpersprache.

Tonfall: Der Tonfall ist neutral, Svenja spricht eher leise.

PHASE 2: Beschreibung der Gefühle

Skript: »Dein Verhalten verletzt mich.«

Körpersprache: Jetzt beugt Svenja sich leicht vor und legt eine Hand auf die Brust, um ihre Emotion zu spüren.

Tonfall: Svenja spricht lauter und mit Nachdruck. Besonders betont sie ihre Befindlichkeit (»verletzt«).

PHASE 3: Beschreibung der Zielvorstellung

Skript: »Ich wünsche mir, dass du in Zukunft unsere Verabredungen und deine Versprechen einhältst. Ich möchte tatsächlich eine Geburtstagstafel vorfinden, wenn du mich dazu einlädst, und ich möchte, dass du dir dann Zeit für mich nimmst. Ich möchte außerdem selbst entscheiden, wann ich dir bei deinen Aufgaben helfe und wann nicht.«

Körpersprache: Svenja kehrt zu ihrer geraden, aufrechten Haltung zurück.

Tonfall: Svenja spricht eher langsam, damit ihre Freundin das Gesagte aufnehmen und verarbeiten kann. Wichtige Formulierungen, wie »Verabredungen einhalten« und »selbst entscheiden«, betont sie durch eine lautere Stimme.

Die Handicaptechnik:
»Wenn du nicht wärst …«

Maja, 28, hat viele Talente. Sie singt, spielt Gitarre, schreibt eigene Texte. Ihr großer Traum war es immer, als Musikerin auf der Bühne zu stehen. Doch seit drei Jahren ist sie mit Stefan verheiratet, der den sechsjährigen Nick mit in die Ehe gebracht hat. Stefan arbeitet in einem erfolgreichen Start-up-Unternehmen, für das er bis zu vierzehn Stunden täglich schuftet. Seither kümmert sich Maja um Kind und Haushalt. Obwohl Maja und Stefan diese Rollenaufteilung vor der Heirat besprochen hatten, ist sie mittlerweile völlig frustriert.

Heute Abend hockt sie teilnahmslos in einem alten braunen Ledersessel, als Stefan nach Hause kommt. Ihre Haltung ist schlaff, sie begrüßt ihn nicht, lässt nur den Kopf hängen. Alarmiert geht er zu ihr. »Schatz, was ist denn los?« Mit weinerlicher Stimme erwidert sie: »Wenn du nicht wärst, könnte ich Musik machen, mich selbst verwirklichen.« Stefan ist bestürzt. Sofort bekommt er ein schlechtes Gewissen und geht in die Retterrolle. »Oh, das tut mir leid. Wenn du mehr Zeit für dich brauchst, halte ich dir den Rücken frei. Ich könnte ab jetzt Nick von der Schule abholen.« »Na, toll«, antwortet Maja mit bebender Stimme. »Was ist mit einkaufen, kochen, putzen, den Kleinen zum Judo-Unterricht fahren – weißt du eigentlich, wie viel Zeit und Kraft das kostet?«

Ihre Opferhaltung zeigt Wirkung. Stefan schlägt im Rettermodus vor, sie könnten ein Au-pair-Mädchen anstellen. Das lehnt Maja ebenso ab wie die Idee einer Hortbetreuung für Nick. Da Stefan ein Macher ist und die Opferrolle seiner Frau akzeptiert, tritt er nun beruflich kürzer. Jeden Tag holt er seinen Sohn von der Schule ab und spielt noch eine Stunde mit ihm, damit Maja Zeit für sich hat.

In der Firma fallen seine verlängerten Mittagspausen negativ auf. Stefan geht zusätzlich abends eher und macht zu Hause das Abendessen, muss dafür aber nachts noch am Schreibtisch sitzen. Er bringt Maja öfter Geschenke mit, mal einen Strauß Blumen, mal eine CD. Zur Aufmunterung, wie er sagt. Trotzdem kommt Maja nicht weiter mit ihren großen Plänen. »Als Ehefrau und Mutter schafft man das nicht«, seufzt sie achselzuckend. »Wenn ich nicht mit Stefan verheiratet wäre ...«

Dieses Opferspiel ist wunderbar geeignet, kleine und größere Lebenslügen als bittere Wahrheiten hinzustellen. »Wenn du nicht wärst«, damit will Maja sagen: »Wenn ich könnte, wie ich wollte, hätte ich etwas Tolles aus mir gemacht.« Dabei besteht für sie durchaus die Chance, etwas für sich zu tun. Doch sie nimmt weder Stefans Angebote an, noch nutzt sie die Zeitfenster, die er ihr verschafft. Warum? Ganz einfach – weil sie es nicht will. Sonst müsste sie nämlich unter Beweis stellen, ob sie wirklich das Zeug zur guten, möglicherweise sogar erfolgreichen Musikerin hat.

Dieses Dramaspiel hat den schönen Beinamen »Holzbein«. Das Opfer spielt den Gehandicapten. In stereotyper Weise führt es vermeintliche oder vorgeschützte Gründe an, warum es bestimmte Ziele nicht erreicht. Dieser Opfertypus wird immer etwas finden, was ihn angeblich behindert. So lässt sich jede Art von Bequemlichkeit und Antriebsschwäche kaschieren. »Ich wollte ja zum Joggen, aber dann musste ich deine Hemden bügeln.« »Ich wollte mit deiner Mutter ins Kino gehen, aber dann kam dein beruflicher Termin dazwischen, und ich hatte keinen Babysitter.«

Das Opfer hat scheinbar nie Schuld, die Umstände sind einfach dagegen. Jede Verantwortung für sein Verhalten weist es energisch zurück. Da es auch noch ein Meister der suggerierten Schuldgefühle ist, wird es von den anderen tief bedauert, aber nicht zur Rechenschaft gezogen. Insofern ist das Opferspiel »Wenn du nicht wärst« weit mehr als der Hang zu Ausflüchten oder Notlügen. Hier geht es darum, sich dem Gegenüber als ohnmächtiger Verlierer zu präsentieren. Das sichert dem Opfer Mitleid, Aufmerksamkeit und Trost. Man hört ihm zu, heitert es auf, beschenkt es. Mal ehrlich – warum sollte das Opfer etwas ändern wollen?

Spielgewinne für das Opfer:
- Es kaschiert seine Passivität und gilt deshalb nicht als untätig, sondern bedauernswert.
- Es kann jemand anderem die Schuld für seine mangelnde Aktivität zuschieben.
- Es kann andere überzeugen, dass es weit mehr Potenziale hat, als es auslebt – was sein Image verbessert.

Spielverluste für den Retter (der situativ auch zum Opfer und zum Verfolger wird):
- Er hat ein schlechtes Gewissen, weil er angeblich eine Problematik ausgelöst hat.
- Er schränkt seine Bedürfnisse ein, um dem Opfer zu dienen.
- Er bemüht sich vergeblich, die Situation des Opfers zu verbessern.

Fragen, die Sie sich stellen sollten, falls Ihnen solche Situationen bekannt vorkommen:
- Macht Sie jemand für seine Unzufriedenheit oder seine Probleme verantwortlich?
- Worin genau besteht Ihre »Schuld«?

- Ist das eine objektive Einschätzung?
- Opfern Sie sich wiederholt für eine Person auf, die es nicht schafft, ihr Leben selbst in die Hand zu nehmen?
- Ändert sich durch Ihre Hilfe etwas an den Problemen dieser Person?
- Sind Sie enttäuscht, dass Ihre Unterstützung nichts bringt?
- Verstärken Sie Ihre Anstrengungen deshalb?

Spielausstieg – klares Feedback

Der Satz »Wenn du nicht wärst …« meint implizit: Du bist schuld, dass es mir schlecht geht. Damit schiebt das Opfer die Verantwortung für nicht umgesetzte Vorhaben – möglicherweise auch für nicht Gelungenes – jemand anderem zu.

PHASE 1: Beschreibung der Sachlage

Skript: »Du bist also unzufrieden, weil du wegen deiner Alltagspflichten zu wenig Zeit für deine Musik hast. Du meinst, dass du dich nicht selbst verwirklichen kannst, weil ich dir im Wege stehe. Tatsache ist, dass ich in letzter Zeit mein Zeitvolumen für die Familie um zwei Stunden täglich aufgestockt habe.«

Körpersprache: Stefan signalisiert ruhige Stärke und begibt sich damit in den Kontrast zu Maja, die kraftlos wirkt. Bewusst vermeidet er es, Majas Körpersprache zu spiegeln. Er steht aufrecht.

Tonfall: Stefan spricht mittellaut und ohne erkennbare Emotionen.

PHASE 2: Beschreibung der Gefühle

Skript: »Ich bin genervt von deinen Aussagen.«

Körpersprache: Stefan hebt die Hände, um seine Worte durch Gesten zu unterstreichen.

Tonfall: Stefan spricht etwas lauter und deutlicher und betont das Wort, das sein Gefühl beschreibt: »genervt«.

PHASE 3: Beschreibung der Zielvorstellung

Skript: »Ich erwarte, dass du meine Möglichkeiten respektierst. Mehr geht nicht, realistisch betrachtet. Ich möchte, dass du dich deinen Aufgaben stellst, damit wir als Familie harmonieren.«

Körpersprache: Stefan steht gerade und senkt die Hände, um zu zeigen, dass er von der emotionalen zur sachlichen Ebene zurückkehrt.

Tonfall: Stefan spricht langsam und macht nach jedem Satz eine kleine Pause, damit Maja seine Zielvorstellungen erfasst und darüber nachdenken kann.

Die Dummstelltechnik: »Ich bin klein und blöd«

Tom ist 26 und arbeitet in der Schadensabteilung einer Versicherung. Liegt ein besonders kniffliger Fall vor, geht er zu seiner Kollegin Anna, hebt kindlich verzweifelt die Hände und sagt: »Also, ich verstehe nur Bahnhof. Ist mir echt zu hoch. Könnten Sie da mal draufschauen?« Anna bedenkt ihn mit ihrem nachsichtig-mütterlichen Blick. Und schon ist aus dem kniffligen Fall ein bearbeiteter Fall geworden.

Irgendwie hat Tom auch vergessen, wie man den Toner im Drucker austauscht. »Das lerne ich sowieso nicht«, stöhnt er, wenn Anna ihm dabei hilft, »ich war schon immer ein Technikidiot.« Tom stört es überhaupt nicht, dass er unterschätzt wird. Genau so will er es, und genau so bekommt er es. Deshalb kann er eigene Aufgaben mühelos delegieren. Beispielsweise sortiert ihm Anna auch die Post vor und schreibt ihm die Urlaubsanträge.

Daheim kümmert sich seine Freundin Ines um den Haushalt. »Ich fasse die Waschmaschine nicht an, weil ich zu blöd bin, die richtige Temperatur einzustellen«, behauptet Tom. Seine Freundin geht darauf ein, indem sie die Retterrolle übernimmt – wo Tom doch zwei linke Hände hat. Tom lacht vergnügt. Warum sollte er noch einen Finger rühren? Läuft doch.

Ein Opferspiel mit Unterhaltungswert: »Ich bin klein und blöd« ist die Taktik für geborene Schlitzohren. Dieses Opfer gibt sich auf kindliche Weise dumm und tollpatschig. Prompt weckt es das Bedürfnis, ihm jede Anstrengung zu ersparen. Wenn hier irgendein Begriff passt, dann Welpenschutz. Das Opfer wirkt nämlich so, als sei es nie erwachsen geworden. Etwas Infantiles geht von ihm aus. Das wirkt rührend. Wer würde schon eine Strategie dahinter vermuten? Den meisten Kommunikationspartnern fällt gar nicht auf, dass sie um den Finger gewickelt werden. Schon gar nicht, wenn etwa Frauen behaupten, sie hätten »mit Technik nichts am Hut«. Männer sagen gern, sie würden selbst simple Spiegeleier anbrennen lassen – was bedeutet, dass gefälligst jemand anderes kochen soll.

Der Satz »Ich kann das nicht« ist ein Synonym für »Ich habe keine Lust dazu«. Der Impuls, der das Spiel ins Laufen bringt, ist der Sympathiebonus des unterlegen wirkenden

Opfers. Es wertet sich ab, und mit seiner vermeintlichen kindlichen Unbedarftheit nimmt es die Leute für sich ein. Jeder darf sich sofort ein bisschen klüger und geschickter im Vergleich zum Opfer fühlen. Das ist der Trick. Einer wie Tom stellt für niemanden eine Konkurrenz dar, im Gegenteil: So, wie er sich selbst herabsetzt, müssen sich die anderen automatisch höherwertig fühlen. Sie können den kleinen Triumph auskosten, Fertigkeiten zu beherrschen, die ihr Gegenüber nicht hinbekommt. Jedenfalls scheint es so.

In Wahrheit will dieses Opfer lediglich Arbeit und Verantwortung delegieren. Doch niemand würde solche Menschen als das bezeichnen, was sie in Wahrheit sind: charmante Vampire, die auf Kosten anderer eine ruhige Kugel schieben. Man merkt es halt nicht. Deshalb hat das Opfer die besten Aussichten, bis an sein Lebensende Menschen zu finden, die ihm Alltagspflichten und diverse Aufgaben im Job abnehmen.

Spielgewinne für das Opfer:

- Es gewinnt Sympathien, da es auf amüsant-infantile Weise ungeschickt wirkt und anderen ein überlegenes Gefühl vermittelt.
- Es kann in seiner kindlichen Rolle wie von selbst mit Hilfsangeboten rechnen.
- Es muss sich nicht anstrengen, weil man ihm mangelnde Kompetenz, fehlende Motivation und Nachlässigkeiten verzeiht.

Spielverluste für den Retter (der situativ auch zum Opfer und zum Verfolger wird):

- Er wird getäuscht, da er die Message »Ich bin klein und blöd« für bare Münze nimmt.
- Er wird systematisch in die zeit- und kraftraubende Helferrolle manövriert.

112

- Er verzichtet auf Gegenleistungen, weil er annimmt, das Opfer sei ohnehin nicht dazu fähig.

Fragen, die Sie sich stellen sollten, falls Ihnen solche Situationen bekannt vorkommen:
- Was löst es in Ihnen aus, wenn jemand auf »niedliche« Weise ungeschickt ist und damit kokettiert?
- Handelt es sich um eine Person, der man keine Bitte abschlagen kann?
- Denken Sie manchmal, man sollte es trotzdem tun?
- Sind Sie mittlerweile genervt, wenn diese Person etwas von Ihnen will?
- Könnten Sie mit der Person ein Gespräch darüber führen?

Spielausstieg – klares Feedback

Das Spiel startet jeweils mit harmlos klingenden Sätzen, in denen Tom seine angebliche Unfähigkeit ausdrückt, sich also selbst abwertet, etwa mit den Worten: »Also das ist mir echt zu hoch«, die er auch gestisch unterstreicht, indem er ratlos die Hände hebt.

PHASE 1: Beschreibung der Sachlage
Skript: »Mit ist aufgefallen, dass du in dieser Woche schon zwei Mal zu mir gekommen bist und wie ein kleiner Junge gesagt hast: ›Das kann ich nicht.‹ Ich bekomme den Eindruck, dass du dich um deine Verantwortung drücken willst.«
Körpersprache: Toms Kollegin Anna vermeidet bewusst

eine »bemutternde«, nach vorn gebeugte Haltung und nimmt eine gerade, erwachsene Haltung ein.

Tonfall: Anna spricht mit fester Stimme, ahmt also nicht Toms kindlichen Tonfall nach.

PHASE 2: Beschreibung der Gefühle

Skript: »Dein Verhalten nervt mich.«

Körpersprache: Anna beugt sich etwas zurück, um Distanz statt elterlich-verstehende Nähe zu signalisieren. Damit verdeutlicht sie sich und Tom, dass sein Verhalten abstoßend auf sie wirkt.

Tonfall: Ohne in den aggressiven Verfolgerton zu wechseln, spricht Anna jetzt relativ laut, um ihren Ärger zu artikulieren. Besonders betont sie ihre Befindlichkeiten (»nervt mich«).

PHASE 3: Beschreibung der Zielvorstellung

Skript: »Ich erwarte von dir, dass du deine Arbeit künftig genauso gewissenhaft wie alle anderen erledigst. In Zukunft werde ich dir – wie allen anderen Kollegen auch – nur noch in echten Notfällen helfen.«

Körpersprache: Anna setzt sich wieder gerade hin und hält Blickkontakt, um Tom auf Augenhöhe zu begegnen.

Tonfall: Diese Sätze kommen im neutralen Ton, damit sie nach Feststellungen und nicht nach verdeckten Vorwürfen klingen. Anna spricht langsam und deutlich, aber nicht im »Kindergärtnerinnen«-Tonfall. Schlüsselbegriffe wie »gewissenhaft« und »allen anderen auch« hebt sie hervor.

Die Klagetechnik:
»Ist es nicht schrecklich?«

Geburtstage werden bei Familie Angermann immer groß gefeiert. Mit Kind und Kegel, Tanten, Onkel, Cousins, Cousinen. Auch heute sind alle da, um den Fünfzigsten von Werner Angermann zu begehen. Die lange Geburtstagstafel ist festlich gedeckt, es duftet nach frischem Kaffee. Jetzt könnte man gemütlich die Tortenplatten plündern. Doch seine Schwester Marie, eine gut erhaltene Mittfünfzigerin, hat bereits lautstark ihr Lieblingsthema angeschnitten: sich selbst. Nun folgen lauter Opferhaltungen. Mit hochgezogenen Schultern und gesenktem Kopf jammert sie los.

Das erste Thema ist ihr furchtbar anstrengender Job als Verkäuferin in einer Boutique. »Ich ackere wie verrückt, bin abends fix und fertig, kann aber nicht einschlafen. Das schaffe ich nur noch mit Schlaftabletten.« Danach sind ihre Krankheiten dran. »Ihr glaubt gar nicht, wie grässlich meine Magenverstimmung war. Schon morgens um sieben hing ich über der Kloschüssel!« Es folgen Klagen über ihren Mann, der zu viel Zeit im Hobbykeller verbringe, statt ihr im Haushalt zu helfen, und über ihre missratenen Kinder.

Auch die anderen Gäste lamentieren jetzt über Gott und die Welt. Von der Politik übers Wetter bis zur Chemie im Essen, alles immer schlimmer. In diesem Klageszenario ist Marie der Star. Sie jammert, sie nörgelt, sie quengelt unter Anteilnahme der gesamten Runde. Man bringt ihr Achtung entgegen, Mitleid.

Nur dem Jubilar platzt irgendwann der Kragen. Als sie wieder bei ihrem grauenvollen Job angelangt ist, donnert Werner im Verfolgermodus los: »Herrgott, du bist echt eine Nervensäge! Dann kündige eben! Oder sprich mit deiner

Chefin!« Marie zuckt zusammen, als hätte er sie geohrfeigt. »Ich kann doch nichts tun! Wo soll ich denn hin? In meinem Alter gehöre ich doch zum Alteisen, das keiner mehr will. Und nun hackst du auch noch auf mir rum. Furchtbar …«

Was für ein Auftritt! Leider begegnen wir ihnen an jeder Ecke, den Dauernörglern und Beschwerdeprofis. Sie sehen grundsätzlich alles negativ, sind die Meister des Jammerns und ziehen das Umfeld mit ihrer Negativität runter. Dass sie sich als Opfer betrachten, gehört zu ihrem Dramaprofil. Dass sie nicht aktiv werden, um ihre Lage zu verbessern, versteht sich von selbst. Womit sollten sie sonst den benötigten Aufmerksamkeitspegel erreichen als mit ihrer Wehklage über das Elend der Welt im Allgemeinen und ihre eigene missliche Lage im Besonderen? Also besser nichts tun. Ihr Weltbild ist schlicht: Alle haben sich gegen sie verschworen, niemand kann etwas daran ändern. Resignation ist diesen Opfern in großen Buchstaben auf die Stirn geschrieben. »Da kann man nichts machen«, seufzen sie. Oder: »Hat ja doch alles keinen Sinn.«

Sinn hat das Ganze aber sehr wohl. Die Opfer spekulieren auf eine Sonderbehandlung, auf Zuwendung, emotionale Anteilnahme, auch Geschenke, Vergünstigungen, Gefälligkeiten. Man tröstet sie mit kleinen Aufmerksamkeiten, man verzeiht ihnen Fehler im Job. Damit wollen die allzeit bereiten Retter das schwere Los des Opfers versüßen. Sehr frustrierend für die Retter, da sie weder Dankbarkeit ernten noch eine positive Veränderung beim Opfer feststellen. Letztere dürfen weiterhin untätig bleiben. Denn diese Art von Larmoyanz ist nur die Maske der Lethargie.

Klagespiele sind gefährlich, denn sie wirken wie ein Virus. In jeder Firma gibt es mindestens einen Mitarbeiter, der die

Atmosphäre vergiftet, indem er alles schlechtredet, die Kollegen, das Arbeitsklima, die Aufgaben. »Ist es nicht schrecklich?«, lautet ihre Generaldiagnose. Dummerweise erzeugt Negativität mehr Aufmerksamkeit als fröhlicher Optimismus. Diese Tatsache machen sich die Opfer zunutze.

Spielgewinne für das Opfer:
- Es hat durch seine Klagen Beachtung und Zuwendung.
- Es kann durch seine resignative Haltung passiv bleiben und muss niemals unter Beweis stellen, dass es anders besser wäre.
- Es gibt den Ton an und erhält dadurch Einfluss auf die Stimmung einer Gruppe.

Spielverluste für den Retter (der situativ auch zum Opfer und zum Verfolger wird):
- Er ist frustriert, weil er vergeblich versucht, konkrete Unterstützung zu geben.
- Der Retter wird aggressiv, oder aber er kompensiert – wie die anderen Gäste – die gescheiterte Hilfe dadurch, dass er das Opfer bevorzugt, verwöhnt, ihm mehr durchgehen lässt.
- Der Retter lässt sich von der negativen Weltsicht des Opfers anstecken.

Fragen, die Sie sich stellen sollten, falls Ihnen solche Situationen bekannt vorkommen:
- Sind Sie in Ihrem näheren Umfeld mit jemandem konfrontiert, der dauernd klagt?
- Hat diese Person jemals versucht, ihre Situation zu verbessern?
- Fühlen Sie sich indirekt aufgefordert, dieser Person Trost zukommen zu lassen?
- Was schenken Sie dieser Person – Zeit, Nachsicht, Präsente?

- Was empfinden Sie dabei?
- Nervt Sie das dauernde Jammern manchmal?

Spielausstieg – klares Feedback

Das Spiel setzt mit einer generellen Abwertung ein: *Alles* ist schrecklich und nicht änderbar. Wie ein mythisches Verhängnis schwebt diese Behauptung im Raum.

PHASE 1: Beschreibung der Sachlage

Skript: »Marie, mir ist aufgefallen, dass du regelmäßig klagst, dein Leben sei schrecklich. Dabei äußerst du Sätze wie: ›Ich ackere wie verrückt, bin abends fix und fertig.‹ Du stellst dein Leben als schwierig und belastend dar.«

Körpersprache: Werner sitzt aufrecht. Sein Kinn ist erhoben, womit er sich von Maries hängendem Kopf deutlich unterscheidet.

Tonfall: Werner spricht mittellaut, sodass ihn alle an der Tafel hören können, lässt seine Stimme aber nicht wütend oder vorwurfsvoll klingen.

PHASE 2: Beschreibung der Gefühle

Skript: »Dein Verhalten nervt mich. Ich ärgere mich, dass du die Stimmung an meinem Geburtstag mit deinen negativen Geschichten verdirbst.«

Körpersprache: Werner stützt sich mit beiden Händen auf den Tisch, um seine Entrüstung zu zeigen und die Intervention kraftvoll wirken zu lassen. Dabei beugt er sich vor, um Marie zu einem Blickkontakt zu bewegen.

Tonfall: Werner spricht zwar lauter und betonter, achtet jedoch darauf, dass sich sein Tonfall nicht nach einer Beschimpfung anhört. Besonders betont er das Wort, das sein Gefühl ausdrückt: »nervt«.

PHASE 3: Beschreibung der Zielvorstellung

Skript: »Ich bitte dich, mit dir ins Reine zu kommen, damit du dich in Zukunft wie ein normaler Gast verhältst. Ich erwarte von dir das Feingefühl, bei einer Familienfeier wie dieser deine Klagen nicht in den Vordergrund zu stellen.«

Körpersprache: Werner hält sich wieder gerade.

Tonfall: Werner schlägt einen sachlichen Ton an. Seine Stimme klingt fest und dennoch neutral, weil er diese Sätze ohne negative Emotionen formuliert.

Die Delegationstechnik: »Die anderen sind schuld«

Samuel, 56, arbeitet in einem Architektenbüro, im Team mit fünf Kollegen. Das Auftragsbuch ist gut gefüllt, es gibt alle Hände voll zu tun, das Feedback der Kunden ist super. Wegen Samuel? Nein, trotz Samuel. Fast ist es schon zur Gewohnheit geworden, dass andere die Scharten auswetzen, die er hinterlässt. Mal fehlen wichtige Unterlagen, mal ist eine Projektkalkulation falsch, mal vergisst er, einen wichtigen Kunden anzurufen.

Stellt sein Kollege Christoph ihn zur Rede, streitet er alles ab. »Die Unterlagen hat die Sekretärin verschlampt«, ruft er entrüstet. »Die Kalkulation habe ich kontrolliert, aber die Baufirma hat mir falsche Zahlen geliefert. Und den Kunden habe ich nicht angerufen, weil unser lieber Kollege Helmut mich mit seinen ewigen Fragen zum Krankenhausprojekt abgelenkt hat – kann der seinen Kram gefälligst mal allein durchziehen?« Wenn er dies sagt, mischt er Opfer- und Verfolgerhaltungen. Einerseits zeigt er typische Opfersignale, indem er die Schultern nach vorn beugt und sich kleiner macht. Doch wenn er andere beschuldigt, ballt er unwillkürlich die Fäuste.

Jeder im Büro weiß, dass Samuels Ausflüchte zwar keine Lügen sind, aber auch nicht der vollen Realität entsprechen. Die Wahrheit liegt irgendwo dazwischen. In einer Grauzone, die Samuel zu seiner Komfortzone gemacht hat. Richtig ist, dass die Sekretärin tatsächlich einige Unterlagen kopiert hat. Doch hat Samuel anschließend vergessen, sie zurück in die Mappe zu legen. Richtig ist, dass die betreffende Baufirma fehlerhafte Berechnungen angestellt hat. Allerdings wäre es Samuels Aufgabe gewesen, alles nachzurechnen. Richtig ist auch, dass Samuels Kollege Helmut Fragen zum Krankenhausprojekt hatte. Nichts hinderte Samuel jedoch daran, auf die Uhr zu schauen, Helmut zu unterbrechen und den Kunden anzurufen.

Meist kommt Samuel mit seinem Psychospiel durch. »Ich strenge mich ja an, aber in so einem unzuverlässigen Team kann ich keine volle Leistung bringen«, ist sein Standardsatz, wenn es zu lautstarken Diskussionen kommt. Dabei spielt ihm die Hektik des Büros in die Hände. Man achtet nicht immer so genau darauf, was wer tut, und im Nachhinein ist es meist schwierig, die Abläufe zu rekonstruieren. So schiebt er weiterhin die Verantwortung von sich weg, beschuldigt andere und stiftet damit Unfrieden. Dann herrscht miese Stimmung. Jeder hockt eingeschnappt am Schreibtisch, natürlich auch Samuel, der sich beklagt, er sei das Opfer von Bürointrigen. Woraufhin meist sein Kollege Christoph als Retter auftritt und stillschweigend Samuels Arbeit macht, um den Auftrag nicht zu gefährden.

Anderen die Schuld zu geben, ist die einfachste und zugleich die perfideste Opfertaktik. Mit viel Erfindungsgeist gelingt es dem Opfer, dass es unschuldig dasteht und stattdessen andere anschwärzt. Damit richtet es einigen Schaden an. Ist eine Behauptung erst mal in der Welt – die Sekretärin sei unzuverlässig, Kollege Helmut komme nicht allein klar –, bleibt immer etwas hängen.

Diese Geschichte ist ein gutes Beispiel dafür, dass ein vermeintliches Opfer zum Täter und damit Verfolger werden kann. Nur die glaubwürdig zur Schau gestellte Entrüstung schützt Samuel davor, enttarnt zu werden. Auch die vielen Diskussionen, die er auslöst, gehören zu seiner Verschleierungstaktik. Das Problem ist, dass bei dem ganzen Wirbel das Naheliegende nicht getan wird: Die Kollegen müssten sich mit Samuel hinsetzen und nach Lösungen für sein unstrukturiertes Vorgehen suchen.

Doch die wird es in diesem Fall nicht so einfach geben. Wie so viele Dramaspiele, ist auch dieses von derart vielen Emotionen begleitet, dass niemand mehr klar denkt. Alle sind damit beschäftigt, auf Samuels Verteidigung einzugehen oder sich selbst zu verteidigen. In der Hitze der Gefechte geht sehr viel Energie verloren. Genau diese Energie würde dafür gebraucht, verbindliche Zielvereinbarungen mit Samuel abzusprechen, sein Zeitmanagement zu überprüfen, Aufgaben zu wählen, die zu seinen Stärken und Schwächen passen.

Spielgewinne für das Opfer:

- Es muss nicht für seine Fehler geradestehen.
- Es verteidigt sich durch Angriffe und kann durch die anschließenden Turbulenzen sein Fehlverhalten kaschieren.
- Es spielt andere gegeneinander aus und verhindert damit, dass sie sich gegen ihn verbünden.

Spielverluste für den Retter (der situativ auch zum Opfer und Verfolger wird):

- Er verliert seinen guten Ruf, da man ihm fälschlicherweise die Schuld für etwas zuschiebt.
- Er wird in einen Zustand zwischen Wut und Ohnmacht getrieben.
- Er muss Zusatzarbeiten erledigen.

Fragen, die Sie sich stellen sollten, falls Ihnen solche Situationen bekannt vorkommen:

- Beschuldigt Sie jemand zu Unrecht, etwas verbockt zu haben?
- War das ein gezielter Angriff, oder wollte sich diese Person nur damit rausreden?
- Falls Letzteres zutrifft: Haben Sie anschließend ein klärendes Gespräch mit der Person geführt?
- Wie hat diese Person reagiert?
- Konnten Sie sachlich bleiben?
- Mit welchen Gefühlen denken Sie an die betreffende Person?

Spielausstieg – klares Feedback

Mit der Behauptung »Die anderen sind schuld« werden die Kollegen abgewertet. Hier kann prinzipiell jeder zur Schießscheibe werden, denn Samuel braucht immer gleich mehrere Sündenböcke, um seine vielen Fehler zu begründen.

PHASE 1: Beschreibung der Sachlage
Skript: »Du sagst, dass Fehler und Versäumnisse in diesem Büro ausschließlich anderen unterlaufen. Deiner Meinung nach arbeitest du korrekt. Du sagst: Ich strenge mich ja an, aber in so einem unzuverlässigen Team kann ich keine volle Leistung bringen. Dadurch entsteht Unfrieden im Team.«
Körpersprache: Samuels Kollege Christoph zeigt eine selbstbewusste Körpersprache, indem er aufrecht steht und die Füße etwas auseinanderstellt, um einen festen Stand zu haben.
Tonfall: Christoph spricht relativ leise, womit er sich vom erregten Streitlevel der üblichen Diskussionen abhebt.

PHASE 2: Beschreibung der Gefühle
Skript: »Ich bin darüber verärgert.«
Körpersprache: Christoph zeigt seine Gefühle, indem er sich vorbeugt und die ausgestreckten Handflächen nach oben dreht. Diese Körperhaltung unterstützt seine Selbstwahrnehmung von Ärger und Frustration.
Tonfall: Christophs Stimme wird energisch, er spricht lauter als in der ersten Phase. Neben dem emotionalen Begriff »verärgert« betont er auch das Wort »Unfrieden«.

PHASE 3: Beschreibung der Zielvorstellung

Skript: »Ich erwarte von dir, ab jetzt die volle Verantwortung für deine Arbeit zu übernehmen. Ich will, dass du in Zukunft zuverlässig arbeitest und wie wir anderen auch deine Funktion im Team wahrnimmst, damit die Abläufe reibungslos sind.«

Körpersprache: Christoph steht wieder gerade.

Tonfall: Der Ton ist ruhig und sachlich. Christoph spricht kontrolliert und leise.

Die Provokationstechnik: »Schlag mich!«

Und wieder ist der Blumentopf umgefallen. Ausgerechnet der blau-weiß gestreifte von Silvia, die ein absoluter Pflanzenfan ist. Viktor, 22, der seit drei Wochen als Praktikant in der Marketingabteilung der Schraubenfirma arbeitet, hebt schuldbewusst die Hände. »Sorry, ich hab nicht aufgepasst.« »Blödmann«, zischt Silvia im Verfolgermodus. Die Marketingfachfrau schäumt. »Was stehst du hier rum? Mach gefälligst die Blumenerde weg!« Wortreich entschuldigt sich Viktor, in leicht geduckter Körperhaltung. Er erklärt, dass er heute etwas daneben sei.

Am nächsten Morgen kommt er zu spät. Kommentarlos. Er setzt sich einfach an seinen Platz in der Ecke, holt das Handy raus und fängt seelenruhig an zu spielen. Wütend baut sich Silvia vor ihm auf. »Hey, Kleiner, spinnst du? Was soll das? Erst kommst du zu spät, jetzt machst du hier den Coolheimer?« Viktor lächelt sie an. »Ich hatte es nicht so eilig heute Morgen.« Silvia bleibt der Mund offen stehen. »Wie bitte?«

Viktor ist Tagesgespräch. Wie kann man nur so frech sein! Niemand versteht sein provozierendes Verhalten. Wollte er denn nicht unbedingt diesen Job? Hat er nicht Himmel und Hölle in Bewegung gesetzt, damit er in der Marketingabteilung landet? Was ist mit dem Jungen los, der bislang eher unauffällig wirkte und bereitwillig Hilfsarbeiten übernommen hat? Von nun an lästern alle über den Praktikanten. Inzwischen kennt ihn jeder in der Firma. Betritt er die Kantine, drehen sich alle Köpfe nach ihm um. Viktor scheint es zu genießen. Was stimmt nicht mit ihm?

In dieser Geschichte dreht sich alles um negative Beachtung. Viktor legt es regelrecht auf Konflikte an. Sein größter Wunsch ist Aufmerksamkeit. Wenn er sie nicht auf positive Weise bekommt, provoziert er eben. Alles Mögliche hat er probiert, um gesehen und anerkannt zu werden. Er hat Fragen gestellt, Kaffee gekocht, Botendienste erledigt. Trotzdem wurde er nicht beachtet, der kleine Praktikant, der sich allmählich unsichtbar fühlte. Also nimmt er in Kauf, dass er durch penetrantes, nervendes Verhalten wenigstens negative Zuwendung erhält.

»Schlag mich« beruht auf einer tiefen Frustration. Wer immer übersehen wurde, sehnt sich danach, endlich einmal im Zentrum des Interesses zu stehen. Schon Kinder lernen schnell, wie das geht. Normalerweise erhalten sie Beachtung und Zuwendung. Bleibt das aus, suchen sie den Kontakt. Lassen die Eltern ein Kind dann weiter links liegen, probiert es etwas anderes: Es »funktioniert« nicht so, wie die Eltern es wollen. Solche Kinder trödeln, kleckern mit Marmelade, lassen ein Glas fallen. Wenig feinfühlige Eltern bestrafen es dafür, im schlimmsten Fall mit körperlicher Gewalt. Traurig genug: Dies ist der Moment, in dem das

Kind sein Ziel erreicht hat. Es erhält die volle Aufmerksamkeit seiner Eltern, wenn auch negativ.

Sehr wahrscheinlich hat Viktor genau dies erlebt. Sein Verhalten spricht für die unermessliche Bedürftigkeit eines verletzten Kindes. Geblieben ist ein übersteigerter Wunsch nach Wahrnehmung – deshalb reicht es ihm nicht, eine unauffällige Rolle in der Firma zu spielen. Es drängt ihn quasi ins Rampenlicht, und nun verfolgt er jene Strategie, die er schon als Kind angewendet hat: Er provoziert, um sich sichtbar zu machen. Sein Dramaspiel beruht darauf, dass er seine Kommunikationspartner zu Verfolgern macht, während er selbst zum Opfer wird.

Spielgewinne für das Opfer:
- Es erhält Aufmerksamkeit durch bewusstes Fehlverhalten.
- Es erzwingt eine starke emotionale Beteiligung seines Umfelds.
- Es erhält einen Sonderstatus, durch den es sich mehr erlauben kann, als eigentlich zulässig.

Spielverluste für den Retter (der situativ auch zum Opfer und zum Verfolger wird):
- Er wird ständig aus der Fassung gebracht.
- Er durchlebt Wut und Ärger.
- Er wird aggressiv, obwohl das nicht seinem Charakter entspricht.

Fragen, die Sie sich stellen sollten, falls Ihnen solche Situationen bekannt vorkommen:
- Welche Gefühle erleben Sie dabei, wenn jemand Sie regelmäßig bis aufs Blut reizt?
- Haben Sie darauf schon mal so heftig reagiert, dass Sie über sich selbst erschrocken waren?
- Glauben Sie, dass die betreffende Person böswillig ist?

- Können Sie sich vorstellen, dass diese Person im Grunde nur wahrgenommen werden will?
- Gäbe es die Möglichkeit, der Person positive Aufmerksamkeit zu schenken?

Spielausstieg – klares Feedback

Wer provoziert, wertet seine soziale Kompetenz ab. Er erweckt den Eindruck, er wisse nicht, »was sich gehört«. Diese Haltung unterstreicht er mal mit der geduckten Opferhaltung, mal mit demonstrativ coolem Gehabe. Natürlich weiß er, dass er damit Ärger produziert. Jetzt kommt es darauf an, ein klares Feedback zu geben. Dabei ist es zielführend, nur ein konkretes Thema anzusprechen, weil sonst die Gefahr eines neuen Dramas besteht.

PHASE 1: Beschreibung der Sachlage

Skript: »Du bist heute – wie schon vier Mal in diesem Monat – zu spät gekommen: am 1.10. um 10 Uhr statt um 9 Uhr, am 4.10. um 9.30 Uhr, am 7.10. um 9.20 Uhr und heute um 9.45 Uhr.«

Körpersprache: Silvia steht aufrecht, sie vermeidet Verfolgergesten wie geballte Fäuste oder andere Drohgebärden.

Tonfall: Silvias Stimme ist leise und bleibt im tieferen Bereich. Sie spricht eher langsam, um dem Gesagten Gewicht zu geben und keinerlei Wut zu signalisieren.

PHASE 2: Beschreibung der Gefühle

Skript: »Das ärgert mich sehr.«

Körpersprache: Silvia lehnt sich leicht zurück und schüttelt den Kopf. Damit signalisiert sie ihre Irritation und ihre Verwunderung. Zugleich kommuniziert sie eine gewisse Distanz.

Tonfall: Silvias Ton wechselt von der Neutralität in einen engagierten Modus. Sie spricht etwas lauter, achtet jedoch darauf, dass die Stimmhöhe nicht zu hoch und schrill wird. Besonders betont sie das emotionale Wort »ärgert«.

PHASE 3: Beschreibung der Zielvorstellung

Skript: »Ich will, dass du jeden Tag, absolut jeden Tag, eine Viertelstunde vor Arbeitsbeginn in der Firma erscheinst.«

Körpersprache: Silvia bringt ihren Körper wieder in eine gerade, aufrechte Position. Sie verstärkt das Gesagte durch die geöffnete rechte Hand, die sie ruhig vorstreckt und damit symbolisch eine Verbindung zu Viktor herstellt.

Tonfall: Der Ton ist nüchtern und ruhig. Silvia spricht sehr artikuliert, mit anstrengungslosem Timbre, und wählt ein langsames Tempo.

Die Passivitätstechnik: »Ich tue doch keinem was Böses«

Annette, 52, ist eine von der gemütvollen Sorte. Sie lässt es ruhig angehen, in der Partnerschaft und im Job. Abwarten und Tee trinken, ist ihr Mantra. Was bedeutet: Im Zweifel tut Annette nichts. Bei ihrer Arbeit als Sekretärin in einer

Immobilienfirma lässt sie wichtige Termine verstreichen, schiebt Erledigungen bis zum St. Nimmerleinstag auf, ruft wichtige Kunden einfach nicht zurück. Dafür hat sie schon diverse Rügen bekommen. Auch ihr Partner Gernot, 54, ist entnervt. Wenn er sie um einen Gefallen bittet, vergisst sie es sofort.

Natürlich wird Annette auf ihr auffallend passives Verhalten angesprochen. Ihr Chef Heinrich nennt sie im aggressiven Verfolgermodus dickfellig und antriebsschwach. Dann zuckt sie mit den Schultern und sagt mit weinerlicher Stimme: »Wieso, ich tue doch keinem was Böses.« Sie versteht das Problem nicht. Warum wollen alle dauernd was von ihr? Manchmal bricht sie in Tränen aus und dreht sich dabei halb weg: »Ich bin ein friedfertiger Mensch«, jammert sie, »aber ihr hackt alle auf mir rum. Das habe ich nicht verdient.« Sie fühlt sich als Opfer fordernder, aggressiver Mitmenschen, die sie zu Unrecht bedrängen und piesacken.

Kommt es hart auf hart, verschwindet Annette völlig von der Bildfläche. Wenn ihr Partner die Geduld verliert und die Beziehung infrage stellt, flüchtet sie zu ihrer Mutter. Als ihr der Chef mit der Kündigung droht, wird sie erst mal vier Wochen lang krank – Erschöpfungssyndrom. Darüber kann ihr Vorgesetzter nicht wirklich lachen. Dennoch gelingt es Annette durch ihre Passivität und ihre Rückzüge immer wieder, offene Brüche zu vermeiden. Irgendwie mogelt sie sich durch mit ihrer Argumentation, sie tue doch niemandem etwas Böses.

Ein sehr effizientes Opferspiel ist da zu besichtigen. Schaut man genauer hin, erkennt man vor allem Bequemlichkeit. Annette rührt keinen Finger, setzt sich nicht ein, lässt alles unbeteiligt laufen. Ihr mangelndes Engagement bringt ihr jedoch zwei Vorteile: Erstens macht sie – zumindest aktiv – keine Fehler, zweitens kann man ihr nicht vorwerfen, in irgendeiner Weise böswillig zu agieren. Ihre Passivität schützt sie. Gleichzeitig provoziert sie damit und erlebt negative Zuwendung.

Diesen Mechanismus muss sie früh verstanden haben. Mit ihrer Vermeidungsstrategie verhindert sie Tiefe, Nähe, Intimität, echten Austausch, lebendige Kontakte – all das, was ihr als Kind offenbar verweigert wurde. Ihr Opferspiel ist also verständlich, zeugt aber von Unreife. Annette will sich nicht weiterentwickeln. Sie hat sich in ihrer Opferrolle gemütlich eingerichtet. Im Schutz dieser Rolle kultiviert sie ihr Desinteresse, ihre Faulheit, ihre Indifferenz.

Für Annettes Umfeld ist es so gut wie unmöglich, sie für dieses Verhalten zur Rechenschaft zu ziehen. Sie versteht es bestens, als Unschuldslamm dazustehen. Darauf reagieren die meisten Leute mit einer Beißhemmung. Sie bringen es einfach nicht fertig, einem vermeintlich gutmütigen, friedfertigen Menschen die Konsequenzen seines Handelns zu präsentieren – Trennung oder Kündigung beispielsweise. Dabei übersehen sie, dass auch in der Passivität eine gewisse Aggression liegt. Annette verhält sich provozierend gleichgültig und vernachlässigt so ihre Arbeit und ihren Partner.

Spielgewinne für das Opfer:

- Es darf weniger leisten als andere.
- Es kann seine Untätigkeit als Friedfertigkeit tarnen.
- Es wälzt die Verantwortung auf andere ab, gilt aber nicht als egoistisch.

Spielverluste für den Retter (der situativ auch zum Opfer und zum Verfolger wird):

- Er befindet sich permanent in einem gereizten Zustand.

- Er erleidet Nachteile, weil das Opfer selbstverständliche Pflichten versäumt.
- Er kann keine Problemlösung herbeiführen, da das Opfer dem Konflikt ausweicht.

Fragen, die Sie sich stellen sollten, falls Ihnen solche Situationen bekannt vorkommen:

- Sind Sie genervt von jemandem, der sich ungewöhnlich passiv verhält?
- Was erwarten Sie von dieser Person, was verweigert sie Ihnen?
- Können Sie mit dieser Person streiten? Oder entzieht sie sich der Auseinandersetzung?
- Empfinden Sie eine Verpflichtung, diese Person zu schonen?
- Was ist der Grund dafür?
- Könnte es sein, dass die betreffende Person Sie zu wütenden Reaktionen veranlasst, die gar nicht zu Ihnen passen?
- Was hält Sie davon ab, auf Distanz zu gehen oder ein Grundsatzgespräch zu führen?

Spielausstieg – klares Feedback

Man muss schon ein wenig überlegen, um in Annettes Verhalten die Abwertung zu entdecken. Ihr stereotyper Satz »Ich tue doch keinem etwas Böses« bedeutet jedoch im Grunde: »Ich bleibe passiv, weil es sich für nichts und niemanden lohnt, aktiv zu werden.« Das ist eine – wenn auch versteckte – Entwertung.

PHASE 1: Beschreibung der Sachlage

Skript: »Heute ist mir aufgefallen, dass Sie zu dem vereinbarten Termin um 15 Uhr nicht erschienen sind. Das ist jetzt zum wiederholten Mal passiert, wie Sie dieser Liste entnehmen können.« (Ihr Chef Heinrich zeigt eine Liste der Versäumnisse.)

Körpersprache: Annettes Chef steht mit geradem Rückgrat vor ihr. Er beugt sich nicht verständnisvoll vor, wendet sich aber auch nicht von ihr ab. So vermeidet er eine Spiegelung von Annettes Körpersprache, die durch Wegdrehen signalisiert, dass sie sich Diskussionen entziehen will.

Tonfall: Heinrichs Stimme ist mittellaut, womit er einen Kontrast zu Annettes leiser, weinerlicher Stimme herstellt. Als Retter würde er ihren larmoyanten Tonfall nachahmen.

PHASE 2: Beschreibung der Gefühle

Skript: »Ich bin darüber sehr verärgert.«

Körpersprache: Bewusst geht Heinrich nur sehr reduziert in die Bewegung, da er verbal von Wut spricht und dieses Gefühl nicht bedrohlich erscheinen lassen will. Seine Körpersprache drückt das Selbstbewusstsein aus, das seiner Position als Chef entspricht.

Tonfall: Die Lautstärke bleibt im mittleren Bereich, um das angesprochene Gefühl der Wut nicht überhandnehmen zu lassen. Dafür spricht er schneller als in der ersten Phase, was seine Erregung anzeigt.

PHASE 3: Beschreibung der Zielvorstellung

Skript: »Ich will, dass Sie pünktlich bei vereinbarten Terminen erscheinen und Ihre Arbeitsaufgaben künftig im vollen Umfang erledigen. Ich fordere Sie auf, respektvoll und zuverlässig mit unseren Kunden umzugehen – halten Sie Termine ein, rufen Sie Kunden zurück, stellen Sie sicher, dass Ihre Arbeitsabläufe strukturiert sind.«

Körpersprache: Mit einer betont geraden, aufrechten Haltung betont Heinrich seinen Status als Autoritätsperson. Er lässt sich nicht zu einschüchternden Gesten hinreißen, sondern steckt eine Hand in die Hosentasche, was unaggressiv wirkt.

Tonfall: Heinrichs Stimme geht in die Neutralität zurück. Er spricht leise, weil er seine Autorität nicht durch Lautstärke einfordern muss. Nach jedem Satz legt er eine kleine Pause ein, damit Annette jeden einzelnen Punkt seiner Zielvorstellung speichern kann.

Vorsicht, Dramarollen!

Wenn Sie in Opferspiele verstrickt sind, wählen Sie vermutlich intuitiv die Rolle des Retters. Während der weiteren Entwicklung ist es jedoch unausweichlich, dass Sie in den Verfolgermodus oder selbst in die Opferhaltung wechseln. Der Gefühlsstau, der mit jeder dieser Rollen einhergeht, sucht sich jeweils die passenden Ventile. Angenommen, Sie sind durch Ihre Retterrolle überlastet, dann staut sich Wut in Ihnen. Eine Weile können Sie die Wut unterdrücken, doch wenn Ihnen alles über den Kopf wächst, könnten Sie aggressiv werden, das Opfer anklagen – und somit als Verfolger auftreten. Oder Sie fühlen sich als Opfer des Opfers, was häufig geschieht. Dann sind Sie wirklich hilflos.

Am wahrscheinlichsten fallen Sie zunächst in die Retterrolle. Dies kündigt sich durch typische Alarmzeichen an. Gehen Sie die folgenden Fragen durch und kreuzen Sie an, was auf Sie zutrifft:

- Sind Sie gern für andere da, obwohl das über Ihre Kräfte geht?
- Fühlen Sie sich zu Hilfsbereitschaft verpflichtet, obwohl Sie das auslaugt?
- Denken Sie manchmal, dass Sie zu kurz kommen?
- Finden Sie das Leben manchmal viel zu anstrengend, sehen aber keine Änderungsmöglichkeit?
- Strahlen Sie Leichtigkeit aus, obwohl Ihnen alles zu viel wird?
- Wären Sie froh, wenn XY nicht wäre und Sie endlich Ihre Ruhe hätten?

Wenn Sie mehr als drei Kreuze gemacht haben, sollten Sie darüber nachdenken, ob jemand mit Ihnen Opferspiele spielt. Wer drängt Sie in Rollen? Wie geht er vor? Wie wirkt sich das auf Ihre Gefühle und Ihr Verhalten aus?

Erste Lösungsperspektiven

Die Befreiung aus Psychospielen ist eine Frage der inneren Haltung, die sich besonders in der verbalen Ausdrucksweise zeigt. Hier kommt es darauf an, neutral zu bleiben, also negative Emotionen nicht zu bestärken und das Drama nicht zu vergrößern. Vor allem ist es wichtig, sich selber nicht in Rollen drängen zu lassen.

Skripte im Dialog verändern

Im folgenden Beispiel erleben Sie anhand zweier Dialoge, wie sich Drama-Kommunikation und dramafreier Austausch unterscheiden. Die erste Variante startet ein Psychospiel, die zweite zeigt zwei Menschen, die einander zuhören, eine angemessene Distanz wahren und keine destruktiven Emotionen aufkommen lassen.

Variante 1

Lara *(steht am Drucker, spricht gehetzt, im Opfermodus):*

»O Mann, der Chef hat mir mal wieder was aufgebrummt! Ich muss diese Tabellen ausdrucken und Mappen für alle Sitzungsteilnehmer zusammenstellen, dabei müsste ich eigentlich die Bilanzen checken. Es wird mir alles zu viel.«

Alexander *(im Rettermodus):*

»Das darfst du dir nicht bieten lassen! Du musst dich wehren. Sag dem Chef, du hast auch nur zwei Hände.«

Lara *(weinerlich, weiterhin als Opfer):*

»Dann kündigt er mir. Wie soll ich die Hypothek fürs Haus bezahlen, wenn ich meinen Job verliere?«

Alexander *(noch als Retter):*

»Führe doch mal ein vernünftiges Gespräch mit ihm.«

Lara *(verzweifelt):*

»Ein vernünftiges Gespräch? Mit dem Typen? Das geht doch gar nicht.«

Alexander *(aggressiv, wechselt in den Verfolgermodus):*

»Du bist schön blöd, dass du nichts gegen ihn unternimmst!«

Lara *(verletzt, irritiert):*

»Wie redest du denn mit mir?«

Alexander (*wechselt in die Opferrolle*):

»Ich wollte dir nur helfen, und das ist jetzt der Dank dafür ...«

Lara (*wechselt in den Verfolgermodus*):

»Du und deine elende Besserwisserei. Kümmere dich gefälligst um deinen eigenen Krempel.«

So laufen Gespräche, die überhaupt nichts bringen außer schlechten Gefühlen. Verstimmt gehen Lara und Alexander auseinander. Ihre Kommunikation war eine einzige Abfolge von Rollenstereotypen. Die Muster von Opfer, Retter und Verfolger verhinderten einen echten Austausch, und natürlich ist Laras Problem dadurch nur noch größer geworden.

Variante 2

Lara (*steht am Drucker spricht gehetzt, im Opfermodus*):

»O Mann, der Chef hat mir mal wieder was aufgebrummt! Ich muss diese Tabellen ausdrucken und Mappen für alle Sitzungsteilnehmer zusammenstellen, dabei müsste ich eigentlich die Bilanzen checken. Es wird mir alles zu viel.«

Alexander (*bleibt neutral, ohne Retterambition*):

»Kann ich dich in irgendeiner Weise unterstützen?«

Lara (*verlässt ihre Opferrolle*):

»Ja, ich kann Hilfe gebrauchen. Würdest du bitte den Rest übernehmen? Dann kann ich mir die Bilanzen anschauen.«

Alexander:

»In Ordnung, kein Problem.«

Lara:

»Danke schön. Ich revanchiere mich gern, wenn du mal in der Klemme steckst.«

Obwohl Lara zunächst eine Opferhaltung einnimmt, kann sie ihre Rolle verlassen. Das liegt an Alexander, der nicht auf ihr Opferspiel eingeht, also nicht klagt oder rettet. Vielmehr gibt er ihr den Freiraum, selbst über eine Lösung nachzudenken. »Kann ich dich in irgendeiner Weise unterstützen?«, das ist eine offene Frage, ohne Bevormundung, ohne die Suggestion, er wisse, was gut für Lara ist. Ein Retter würde sie erst gegen den Chef aufhetzen und dann selbst Lösungen vorgeben. Beides würde Rollen befestigen: Lara bliebe das Opfer, Alexander wäre der strahlende Retter.

Die Selbstwahrnehmung als Opfer ist immer eine Form der Selbstsabotage. Aus dieser Disposition heraus sucht das Opfer Trost in emotionaler Intensität – es lebt seine Bedürftigkeit über unreflektierte Gefühlsaufwallungen aus, fordert Zuwendung und Anerkennung. Als Begleiterscheinung wächst das Bedürfnis nach einer Opfer-Retter-Beziehung, die das Opfer in der Unselbstständigkeit belässt.

In der zweiten Variante sind beide autonom handelnde Kommunikationspartner. Dazu gehört auch, dass Lara um Hilfe bittet, selbst die Art der Hilfe aussucht und dann ankündigt, sich dafür zu revanchieren. Sie erlebt sich als handlungsfähig, einen aktuellen Konflikt zu lösen – sie beansprucht Gestaltungssouveränität. Alexander soll sie weder bemitleiden noch ihre Probleme lösen, und sie will ihn auch nicht an sich schmieden.

Retterspiele: *Ich bin okay, die anderen brauchen mich, um auch okay zu sein*

Die Demoralisierungsstrategie: »Du bist überfordert«

Kai, 25, hat sein BWL-Studium vor einem halben Jahr mit Bestnoten abgeschlossen und prompt einen guten Job bei einer Unternehmensberatung ergattert. Unter den Kollegen gilt er als Überflieger. Klar, er muss noch einiges lernen – Theorie und Praxis sind zwei Paar Schuhe, das weiß jedes Kind. Zum Glück hat er einen Mentor. Sein Kollege Bernd ist nur wenig älter, aber höchst versiert. Manchmal gehen sie nach Feierabend ein Bier trinken, und dann erzählt Bernd, wie der Laden funktioniert.

Manchmal kommt Kai ziemlich ins Schwitzen, weil seine Chefs dem hoffnungsvollen Newcomer gleich zu Anfang größere Aufgaben übertragen. Doch er glaubt an sich und schafft alles. Wirklich alles? Bernd ist da ganz anderer Meinung. Des Öfteren lässt er sich erzählen, an welchem Projekt Kai gerade arbeitet. Ganz egal, wie Kai die Sache anpackt, meist erntet er Skepsis. »Meinst du wirklich, das reicht?«, fragt Bernd. »Da fehlt aber noch so einiges.« Solche Bemerkungen geben Kai zu denken. Er kniet sich voll rein, schiebt Überstunden. Um dann von Bernd zu hören:

»Du siehst aber schlecht aus. Was ist los mit dir? Ich glaube, du bist überfordert.«

Als Bernd diesen Satz zum ersten Mal fallen ließ, hat Kai noch abgewinkt – »Ach was, das krieg ich schon hin«. Doch langsam kommen ihm Zweifel. Bernd hat Erfahrung, ist kein blutiger Anfänger wie er selbst. Vielleicht stimmt es ja mit der Überforderung? Kai wird unsicher. Immer wieder gibt ihm der Kollege zu verstehen, dass die Umsetzung des theoretischen Wissens wesentlich komplizierter sei, als Kai vielleicht denkt. Kais Selbstvertrauen schwindet. Hat er sich zu viel zugemutet? Hat er sich mit diesem anspruchsvollen Job übernommen?

Aus der Verunsicherung heraus unterlaufen Kai jetzt Fehler. Auch in der Kommunikation mit den Chefs präsentiert er sich nicht mehr als der siegesgewisse Überflieger. Er wirkt gehemmt, blockiert. Die Chefs schlagen vor, dass er einen Gang zurückfährt, und entziehen ihm eines der Projekte. Aha, denkt Kai, also stimmt es doch: Ich war überfordert. Zufällig übernimmt Bernd seine Aufgabe. Bestimmt wird der die Sache bravourös hinkriegen …

Das Retterspiel »Du bist überfordert« hat es in sich. Da geriert sich jemand als der freundschaftlich besorgte Kollege, doch in Wirklichkeit passiert etwas ganz anderes: Dieser Kollege verankert bewusst eine negative Selbstwahrnehmung im anderen. Solche negativen Glaubenssätze sind wie ein schleichendes Gift. Zunächst bemerkt man sie gar nicht, doch irgendwann ist die Wirkung manifest: Jemand verliert das, was Psychologen »Selbstwirksamkeit« nennen.

Selbstwirksamkeit ist die Überzeugung, dass man eine Aufgabe bewältigt, auch wenn sie mit Anstrengungen oder Rückschlägen verbunden ist. Dabei spielt die Erfahrung eine Rolle, dass man schon früher eine Aufgabe trotz gewisser Hürden gemeistert hat. Auch Kai hat das erlebt, während des Studiums. Er hat sich ins Zeug gelegt, alle Abschlüsse mit Bestzensuren absolviert. Unterstützt haben ihn seine Eltern und wohlmeinende Professoren. Jetzt aber hat er es mit einem Retter zu tun, der ihn systematisch entmutigt.

Es liegt auf der Hand, dass Bernd dabei eine Strategie verfolgt. Denn negative Glaubenssätze blockieren. »Ich bin überfordert« ist so ein Satz, oder: »Ich bin nicht belastbar«, »Ich bin eigentlich noch nicht so weit«, »Ich bin schlecht darin, Sachen zu Ende zu bringen«. Solche negativen Überzeugungen werden von außen an jemanden herangetragen. Kommen sie von einer Vertrauensperson, haben sie eine extrem demoralisierende Wirkung. Genau das beabsichtigt der angebliche Retter, der unter dem Mantel besorgter Freundschaft sein Opfer manipuliert.

Spielgewinne für den Retter:

- Er erhält Achtung und Aufmerksamkeit für seine besorgte Haltung.
- Er baut eine enge Bindung auf, die ihm Macht über das Opfer verleiht.
- Er sonnt sich in dem Gefühl, sein Leben besser zu meistern als das Opfer.

Spielverluste für das Opfer:

- Es verliert durch negative Überzeugungen den Glauben an sich selbst.
- Es macht tatsächlich Fehler aufgrund seiner negativen Erwartungshaltung.
- Es gerät in eine emotionale Abhängigkeit vom Retter.

Fragen, die Sie sich stellen sollten, falls Ihnen solche Situationen bekannt vorkommen:

- Gibt es einen Menschen, der Ihnen einredet, Sie seien von Ihren Aufgaben überfordert?
- Sagt diese Person, sie mache sich Sorgen um Sie?
- Sind diese Sorgen berechtigt?
- Freut es Sie, dass jemand um Sie besorgt ist?
- Haben Sie festgestellt, dass Sie sich weniger zutrauen, seit eine bestimmte Person Sie warnt, sich bloß nicht zu überfordern?
- Denken Sie manchmal darüber nach, dass Sie schlechter als andere sind – im Job, im Privatleben?
- Wer bestärkt Sie in dieser negativen Selbstwahrnehmung?

Spielausstieg – klares Feedback

Wer behauptet: »Du bist überfordert«, erhebt sich über den anderen, denn gemeint ist: »Du kannst weniger, als du denkst, deine Fähigkeiten reichen nicht aus.« Umso wichtiger ist es, sich der Person zu stellen, die eine derart negative Selbsteinschätzung verankern will.

PHASE 1: Beschreibung der Sachlage

Skript: »Bernd, mir ist aufgefallen, dass meine Fähigkeiten deiner Meinung nach nicht ausreichen, um den Ansprüchen des Jobs gerecht zu werden. Außerdem behauptest du, man merke mir die Überforderung an – ich sähe ›schlecht‹ aus.«

Körpersprache: Kai hält den Rücken gerade und drückt die Brust raus, um Selbstbewusstsein zu signalisieren und keinesfalls in eine gekrümmte Opferhaltung zu gehen.

Tonfall: Der Tonfall ist neutral, entsprechend den nüchternen Feststellungen. Kai spricht klar und nicht zu leise. Damit vermeidet er die leidende Ausstrahlung eines Opfers.

PHASE 2: Beschreibung der Gefühle

Skript: »Das irritiert und stört mich.«

Körpersprache: Kai lehnt sich leicht nach hinten, um innerlich und äußerlich eine distanzierte Haltung einzunehmen. Sein Kopf ist schräg geneigt, womit er seine Verwunderung und Irritation kommuniziert.

Tonfall: Die Lautstärke erhöht sich, denn trotz der Irritation und des Unbehagens, das Kai artikuliert, möchte er keinesfalls in die verschüchterte Opferrolle fallen.

PHASE 3: Beschreibung der Zielvorstellung

Skript: »Ich bitte dich, dass du in Zukunft damit aufhörst. Ich erwarte von dir, dass du Kritik und Ratschläge nur dann äußerst, wenn ich dich explizit danach frage.«

Körpersprache: Kai hält Blickkontakt, das Kinn ist erhoben. Er vermeidet Körperhaltungen wie den Kopf hängen zu lassen oder das Stehen mit abgeknickter Hüfte, was Unterordnung signalisieren würde.

Tonfall: Kai spricht in der tiefen Tonlage, mit »männlichem« Timbre, um nicht in den Tonfall des unreifen Jungen und damit des unselbstständigen Opfers zu geraten. Aus demselben Grund redet er nicht zu leise.

Die Beschützerstrategie: »Ich will dir ja nur helfen«

Marlin, 27, lebt mit ihrem Freund Carlo in einer WG. Die Dritte im Bunde passt perfekt zu den beiden – Barbara, 32, ist freie Journalistin, so wie Marlin und Carlo. Jeder hat sich auf ein Sachgebiet spezialisiert: Carlo auf Sport, Barbara ist Wissenschaftsjournalistin, Marlin schreibt politische Kommentare für eine kleine Tageszeitung. Abends in der WG-Küche erzählen sie einander von ihren Artikeln, diskutieren die Themen, tauschen sich aus.

Dabei stellt sich oft heraus, wie nützlich diese Gespräche sind. Marlin schreibt etwas über die Rentenreform, Barbara bietet ihr an, die Fakten des Artikels zu checken. Im Laufe der Zeit wird es zur Gewohnheit, dass Marlin ihre Texte vor der Veröffentlichung Barbara zeigt. Meist ändert sie die Texte, weil sie etwas sachlich zu verbessern hat oder weil bestimmte Formulierungen nicht gelungen seien. Bald geht nichts mehr ohne Barbara. Marlin ist schlau genug, das als zwiespältig zu empfinden. »Nee, lass mal …«, wehrt sie immer häufiger ab, wenn sich Barbara nach ihrem aktuellen Thema erkundigt. Darauf reagiert Barbara ziemlich sauer. »Ich will dir doch nur helfen«, sagt sie beleidigt. »Du bist noch nicht professionell genug. Du brauchst jemanden, der dich in dieser Phase unterstützt.«

Carlo kann die Rolle der Mitbewohnerin nicht richtig einschätzen, findet es aber sehr anständig, dass Barbara seiner Freundin hilft. »Sei nicht so abweisend«, ermahnt er sie, »siehst du denn nicht, dass du auf ihre Hilfe angewiesen bist?« Hm. Stimmt eigentlich, denkt Marlin. Gut, dass ich Barbara habe, allein schaffe ich es nicht. Als Barbara einmal zwei Wochen verreist, hat Marlin eine Schreibblockade. Umso erleichterter ist sie, als Barbara zurückkehrt und ihr wieder hilft.

Das Retterspiel »Ich will dir doch nur helfen« funktioniert glänzend in einer Gesellschaft, in der Hilfsbereitschaft als hohes Gut gilt. Doch dabei wird das Opfer in die Unselbstständigkeit gedrängt. Barbara erobert sich einen festen Platz im Leben von Marlin. Sie suggeriert ihrer Freundin Hilfsbedürftigkeit. Und die Strategie geht auf.

Die wahren Beweggründe sind seelische Bedürfnisse. Der Retter möchte eine zentrale Position im Leben des Opfers einnehmen und dafür bewundert werden. Das schafft er nur, wenn sein Opfer zu glauben beginnt, tatsächlich auf Unterstützung angewiesen zu sein – auch wenn das faktisch nicht der Fall ist. Zwar registrierte Marlin die aufgedrängte Hilfe und versuchte zu intervenieren. Das treuherzig vorgebrachte Argument »Ich will dir doch nur helfen« wirft sie jedoch stets in die Opferrolle zurück. Solche Retter lösen Probleme, die ohne sie gar nicht existieren würden. Doch die suggerierte Hilfsbedürftigkeit wertet den Retter auf. Umgekehrt erzeugt er beim Opfer echte Probleme. Er bevormundet es und laviert es in einen Zustand der emotionalen Abhängigkeit. Solche Konstellationen gibt es sehr häufig in Eltern-Kind-Beziehungen. Überbehütende Eltern lassen ihren Kindern keinen Freiraum, um selbstständig zu werden. Sie nehmen ihren Kindern alles ab und hindern sie daran, selbst Verantwortung zu tragen. Dieses Muster kann sich in den Beziehungen Erwachsener wiederholen. Dann wird das Opfer wieder zum unreifen Kind.

Spielgewinne für den Retter:

- Er baut sich eine positive soziale Rolle als selbstloser Helfer auf.

- Er stellt eine starke Bindung zum Opfer her.
- Er kann Macht ausüben, da er sich als der Stärkere inszeniert (der er wahrscheinlich gar nicht ist).

Spielverluste für das Opfer:
- Es wird unsicher, traut seinen eigenen Fähigkeiten und Kompetenzen nicht mehr und glaubt, auf permanente Hilfe angewiesen zu sein.
- Es wird in eine kindlich unreife Position gedrängt.
- Es verlernt, Verantwortung zu übernehmen, und wird passiv.

Fragen, die Sie sich stellen sollten, falls Ihnen solche Situationen bekannt vorkommen:
- Nehmen Sie dauerhaft die Hilfe von jemandem in Anspruch, obwohl Sie die betreffenden Dinge früher allein erledigen konnten?
- Wie hat die Beziehung zu Ihrem »Helfer« begonnen? Wer machte den ersten Schritt?
- Was erwartet der Helfer im Gegenzug von Ihnen?
- Wurde Ihnen die »Hilfe« manchmal schon zu viel?
- Fühlen Sie sich bevormundet?
- Glauben Sie, dass Sie auch ohne diese Unterstützung auskommen könnten?

Spielausstieg – klares Feedback

Hier haben wir es mit einer doppelten Abwertung zu tun. »Ich will dir doch nur helfen« bedeutet letztlich: »Du bist erstens unfähig und zweitens undankbar.« Der Retter erwartet Loyalität und sucht Bestätigung durch seine Helferrolle.

PHASE 1: Beschreibung der Sachlage

Skript: »Du sagst, ich sei noch nicht professionell genug, um Texte ohne Unterstützung zu schreiben. Du hilfst mir bei meinen Texten, die deiner Meinung nach unzureichend recherchiert und formuliert sind. Dafür erwartest du meine Dankbarkeit und dass ich deine Hilfe ohne Widerspruch annehme.«

Körpersprache: Marlin achtet darauf, dass sie ihre Schultern nicht schützend hochzieht, was typisch für die Opferhaltung wäre.

Tonfall: Die Stimme wirkt neutral, ohne Vorwurf oder Erbitterung, auch ohne Opfer-typisches Jammern.

PHASE 2: Beschreibung der Gefühle

Skript: »Es irritiert mich sehr und fängt langsam an, mich zu nerven.«

Körpersprache: Marlin steht intuitiv auf und »redet mit den Händen«, weil es ihrer innerlichen Verfassung entspricht, sich quasi körpersprachlich von der Fesselung durch ihre Retterin zu befreien.

Tonfall: Der Ton wirkt erregt, aber nicht aggressiv. Marlin spricht nun etwas höher und schneller. Sie bemüht sich, dass ihre Stimme nicht grell klingt.

PHASE 3: Beschreibung der Zielvorstellung

Skript: »Ich werde künftig ohne deine Hilfe arbeiten. Mir ist wichtig, dass ich selbst ein Gefühl für die Qualität meiner Leistung entwickle. Ich bitte dich daher, mich nur zu beraten und zu korrigieren, wenn ich dich danach frage.«

Körpersprache: Marlin strafft ihre Schultern, was Stärke signalisiert und das Selbstbewusstsein einer Frau, die keineswegs hilfsbedürftig und unselbstständig ist.

Tonfall: Marlin spricht langsam und sehr artikuliert, damit sich die Sätze bei Barbara verankern können. Eine besondere Betonung gibt sie den Worten »ohne deine Hilfe« und »danach frage«.

Die Spezialistenstrategie: »Ich kenne da einen guten Therapeuten«

Renate, 37, Kundenberaterin bei einer Bank, geht regelmäßig ins Fitnessstudio. Besonders gern unterhält sie sich mit der gleichaltrigen Marlene. Die sprach Renate vor einiger Zeit an, als sie an der Rudermaschine trainierte. »Hey, du bist echt gut in Form, aber deine Rückenhaltung ist eine Katastrophe. Weißt du eigentlich, wie gefährlich das ist? Ich kenne einen tollen Orthopäden, der hat mir erläutert, wie es geht. Komm, ich zeig es dir.« Renate war ehrlich dankbar, denn eine falsche Rückenposition, so erklärte Marlene, könne zu massiven Bandscheibenproblemen und bis in die Arbeitsunfähigkeit führen.

Seit dieser ersten Begegnung hat Renate immer wieder Tipps von Marlene bekommen. Mehr noch: Marlene hat sie regelrecht gerettet. Renate trug nämlich auch die falschen Schuhe (»Ich empfehle dir das Schuhhaus XY – mit deinen alten Tretern bekommst du einen Spreizfuß«), trank den falschen Eiweißdrink (»Ich habe hier eine Internetadresse für gesundes Powerfood – dein Drink enthält zu viele magenbelastende Zusatzstoffe«) und benutzte das falsche Duschgel (»Geh mal zum Hautarzt Dr. Meier – deine Haut ist gereizt«). Was so viel bedeutet wie: Ohne Marlene hätte Renate jetzt Spreizfüße, Magenschmerzen und Hautprobleme, ganz zu schweigen von diversen Bandscheibenvorfällen. Oder etwa nicht?

Doch Marlene tut noch mehr. Renates Wohl scheint ihr sehr am Herzen zu liegen. »Ich kenne da einen guten Therapeuten«, murmelte sie neulich. Auf Renates Antwort: »Wieso? Brauch ich nicht« erwiderte Marlene: »Zufällig kenne ich mich mit so was aus. Du wirkst depressiv. Komm, ich gebe dir die Nummer von dem Typen.« Renate kam ins Grübeln, tatsächlich war sie in letzter Zeit nicht so gut drauf wie sonst. Wie gut, dass Marlene Bescheid weiß und die besten Spezialisten empfehlen kann.

Dieses Retterspiel ist für das Opfer äußerst schwer zu durchschauen. Denn hier wird ein überragendes Wissen vorgespielt, mit dem der Retter sein Opfer wiederholt vor angeblichen Gefahren bewahrt. Ob Schuhe, Eiweißdrinks und Duschgel wirklich falsch gewählt waren, steht in den Sternen. Dies erscheint aber noch harmlos im Vergleich zu dem Hinweis auf den Therapeuten. Die vermeintlichen Anzeichen einer Depression sind sehr wahrscheinlich nur ein Vorwand, Marlenes Rolle als Retter zu zementieren. Sie rettet nicht, sondern beschwört Gefahren herauf, um dann als glänzende Beraterin mit Kontakten zu Spezialisten aufwarten zu können.

Oft beginnen solche Retterspiele banal. Etwa, wenn eine Frau zu ihrer Freundin sagt: »Hier, ich gebe dir die Nummer von einem richtig guten Friseur. Du siehst aus wie ein gerupftes Hühnchen! Und so willst du erfolgreich im Job sein?« Bisher war die Freundin möglicherweise mit ihren Haaren zufrieden. Nun wird ihr signalisiert, ihre Frisur sei

»unmöglich«. Ein Spezialist müsse sich darum kümmern, sonst sei am Ende sogar der Job in Gefahr. Das sitzt. Denn die Botschaft lautet: Bisher hast du dich irgendwie auf eigene Faust durchgewurstelt, aber es wird Zeit, dass du dich in die Hände von Experten begibst.

Diese Argumentation funktioniert genauso bei Kleidung: »Geh unbedingt zur Boutique XY – mit den Klamotten, die du jetzt trägst, vermasselst du dein Date.« Beliebt ist auch das Thema Erziehung: »Ich kenne einen ausgezeichneten ADHS-Spezialisten – dein Kind ist nämlich eindeutig hyperaktiv!« Im Job läuft es ebenso: »Hier ist die Info für ein exzellentes Fortbildungsseminar – du hast noch einige fachliche Defizite.« Der Hinweis auf den Spezialisten ist immer eine implizite Kritik: Du hast keine Ahnung, etwas stimmt nicht mit dir, jetzt muss ein Experte ran.

Die Retter zählen darauf, dass der allgemeine Optimierungstrend offen für Tipps und Empfehlungen macht. Mit dem Hinweis auf einen Spezialisten können sie ihre Kritik gefahrlos an den Mann und die Frau bringen. Das heißt, sie sagen nicht: »Ich finde dich nicht okay«, sondern: »Nach Expertenmeinung bist du nicht okay.« Auf diese Weise treten sie als objektive Berater und Helfer auf, obwohl sie sich im Grunde nur durch ihre Dauerkritik wichtigmachen wollen.

Spielgewinne für den Retter:
- Er wirkt informiert, kompetent, gut vernetzt.
- Er macht sich zur Bezugsperson.
- Er scheint objektiv zu bleiben, da er sich auf Expertenmeinungen bezieht.

Spielverluste für das Opfer:
- Es empfindet sich als unwissend und beratungsbedürftig.

- Es hat Angst, weil ihm Defizite und Gefahren einge-
  redet werden.
- Es wird unsicher im eigenen Urteil.

Fragen, die Sie sich stellen sollten, falls Ihnen solche Situationen bekannt vorkommen:

- Gibt es Menschen, die Ihnen permanent Tipps und Empfehlungen geben?
- Pochen diese Menschen auf Expertenmeinungen?
- Folgen Sie den Empfehlungen?
- Verletzt Sie die indirekte Kritik, die mit den Empfehlungen verbunden sind?
- Fühlen Sie sich bevormundet, ja überrollt von den Handlungsanweisungen?
- Welche Rolle spielen diese »Retter« in Ihrem Leben?

Spielausstieg – klares Feedback

»Ich kenne da einen guten Experten« ist gleichbedeutend mit der Aussage: »Du hast überhaupt keine Ahnung.« Noch dramatischer wirkt der Satz: »Ich kenne da einen guten Therapeuten«, was den Eindruck vermittelt, der Gesprächs-partner müsse sich behandeln lassen. Indem der Retter per-manent seine angebliche Fachexpertise ins Spiel bringt, will er sich zum unentbehrlichen Berater machen.

PHASE 1: Beschreibung der Sachlage

Skript: »Du nimmst mich in einer Weise wahr, die mich als hilflos und unwissend hinstellt. Deiner Einschätzung nach benötige ich für fast jedes Detail meines Lebens einen Fach-mann. Du empfiehlst mir diese Spezialisten, weil du mir offenbar nicht zutraut, mir bei gegebenem Anlass selbst jemanden zu suchen.«

Körpersprache: Renate spricht diese Sätze in aufrechter Haltung. Sie achtet besonders darauf, nicht in Deckung zu gehen und den Kopf nicht einzuziehen.

Tonfall: Die Stimme wirkt neutral. Renate spricht langsam und leise und erhebt keinen Vorwurf.

PHASE 2: Beschreibung der Gefühle

Skript: »Es nervt mich.«

Körpersprache: Renate hat eine hohe Körperspannung, mit der sie jede Assoziation der Schwäche vermeidet. Ihre Arme hat sie in die Hüften gestemmt, was den Eindruck der Stärke intensiviert.

Tonfall: Die Stimme von Renate ist jetzt lauter. Sie klingt klar und selbstbewusst, doch ohne jede Verfolger-Aggression.

PHASE 3: Beschreibung der Zielvorstellung

Skript: »Ich will in Zukunft selbst entscheiden, wann ich etwas in meinem Leben verbessern möchte. Ich bitte dich, künftig auf ungebetene Ratschläge zu verzichten.«

Körpersprache: Renate äußert ihre Zielvorstellungen aufrecht und achtet darauf, auch den Kopf gerade zu halten, weil sie ihn in ihrer Opferhaltung immer schräg gelegt hatte.

Tonfall: Renate versucht, ihre Ziele so sachlich wie möglich auszusprechen. Nach jedem Satz vergewissert sie sich während einer kleinen Pause, dass Marlene zuhört und begreift, was sie sagt.

Die Isolationsstrategie: »Du brauchst eine Auszeit«

Jeder hat mal einen schlechten Tag. Auch Georg, der eigentlich immer gut gelaunt in die Firma kommt. Der vierzigjährige Familienvater arbeitet seit fünfzehn Jahren im selben Autohaus und wird als erfolgreicher Verkäufer geschätzt. Auch in flauen Zeiten bringt er Neuwagen an den Kunden, was eindeutig an seiner positiven Art liegt.

Aber heute ging irgendwie alles schief. Erst hat er sich im Büro seinen Morgenkaffee übers Hemd geschüttet, dann rief seine Frau an und erzählte, dass die Jüngste an Masern erkrankt sei. Und jetzt hat er ein langes Verkaufsgespräch mit einem jungen Mann geführt, der im letzten Moment doch noch abgesprungen ist. Luka, Georgs sieben Jahre jüngerer Kollege, spricht ihn an. »Blöd gelaufen, was?« Georg winkt ab. »Kann vorkommen. Ist eben ein mieser Tag.« Damit lässt sich Luka nicht abspeisen. »Du stehst ja völlig neben dir. Sieh mal dein Hemd mit den Kaffeeflecken an. Was ist los?«

Georg erzählt arglos von seinem kranken Kind. Währenddessen wird er scharf von seinem Kollegen beobachtet. »Deine Hände zittern«, sagt Luka stirnrunzelnd. »Ich glaube, du brauchst eine Auszeit.« »Ach, Quatsch«, wischt Georg diesen Rat beiseite. Doch Luka bleibt hartnäckig: »Mir fällt schon länger auf, dass du nicht ganz auf der Höhe bist.« Georg winkt ab, es geht ihm gut. Allerdings schaut er abends aufmerksam in den Badezimmerspiegel. Er sieht wirklich ein bisschen erschöpft aus.

In den folgenden Wochen fühlt sich Georg ständig von Luka beobachtet, was ihn ganz schön nervös macht. Einmal fällt ihm ein Stift runter, ein andermal stolpert er über ein

153

Kabel, dann wieder verliert er die Beherrschung, weil der Drucker defekt ist. Sofort steht Luka dann neben ihm: »Alter, ich sag's dir – du brauchst eine Auszeit. Nicht, dass du einen Burn-out bekommst.« Als bald darauf auch noch zwei Verkaufsgespräche hintereinander ohne Abschluss bleiben, ist Georg mit den Nerven am Ende. Luka muss gar nichts mehr sagen. »Spar dir den Atem«, keucht Georg, »du hast recht, ich brauche eine Pause.« Luka lächelt milde. »Am besten, du beantragst eine Kur. Ich mache das für dich. Während du weg bist, kann ich gern deine Kunden übernehmen.«

»Du brauchst eine Auszeit« ist die schärfere Variante des Retterspiels »Du bist überfordert«. Jedoch ist die Absicht eine völlig andere. Der Retter will keine besondere Rolle im Leben des Opfers spielen, vielmehr will er einen Konkurrenten aus dem Rennen drängen. Deshalb schützt er zunächst Besorgnis vor, um dann sein Ziel anzusteuern: die Ausschaltung des Opfers.

Der Retter will das Opfer zumindest für eine gewisse Zeitspanne aus seinem Leben – oder aus dem Job – verbannen. Die negativen Folgen für das Opfer nimmt er in Kauf, denn dem Retter geht es lediglich um seine eigene Position. Dafür braucht er freie Bahn, weil er sich dem Konkurrenten nicht gewachsen fühlt oder neidisch auf ihn ist.

Auch im privaten Bereich laufen solche Isolationsspiele. So mancher angebliche Freund eines zerstrittenen Paars empfahl schon Auszeiten von der Beziehung – um anschließend einen der Partner für sich zu gewinnen. »Hör mal, ihr seid jetzt an einem Punkt, wo ihr in Ruhe nachdenken müsst«, heißt es dann zum Beispiel. »Eine Trennung auf Zeit wirkt Wunder, ehrlich. Ich werde an deiner Seite sein, wenn du mich brauchst.«

Spielgewinne für den Retter:

- Er gewinnt das Vertrauen seines Opfers.
- Er wird mit dem Rat einer Auszeit einen unliebsamen Konkurrenten los.
- Er kann in der Abwesenheit des Opfers seine eigenen Interessen durchsetzen.

Spielverluste für das Opfer:

- Es wird in einen Zustand der Unsicherheit und Nervosität getrieben.
- Es ist in Auszeiten handlungsunfähig.
- Es gerät in emotionale Abhängigkeit vom Retter.

Fragen, die Sie sich stellen sollten, falls Ihnen solche Situationen bekannt vorkommen:

- Wurden Sie in letzter Zeit darauf angesprochen, Sie wirkten erschöpft und müde?
- Entsprach das Ihrer eigenen Wahrnehmung?
- Haben die Bemerkungen Sie irritiert?
- Neigten Sie dazu, sich nach wiederholten Bemerkungen dieser Art kritisch selbst zu beobachten?
- Haben Sie Anzeichen von Erschöpfung festgestellt, obwohl Sie sich eigentlich wohlfühlen?
- Hat Ihr »Retter« Vorteile, wenn Sie eine Auszeit nehmen?

Spielausstieg – klares Feedback

»Du brauchst eine Auszeit« beinhaltet das Urteil: »Du bist momentan zu gar nichts zu gebrauchen.« Eine Krise wird suggeriert, in der man am besten abtaucht. Der Retter erzeugt nicht nur eine negative Selbstwahrnehmung des Opfers, er will es überdies wegschicken.

PHASE 1: Beschreibung der Sachlage

Skript: »Du bist der Meinung, dass ich überarbeitet und nicht mehr in der Lage bin, meinen Job richtig auszufüllen. Dies begründest du mit Beobachtungen wie: Deine Hände zittern, du hast Kaffeeflecken auf deinem Hemd. Du vermutest, ich könnte kurz vor einem Burn-out stehen.«

Körpersprache: Georg wählt als Ort der Aussprache seinen Schreibtisch, hinter dem er sehr gerade und aufrecht sitzt. Seine Hände liegen ruhig auf der Tischplatte, ohne sich nervös zu bewegen.

Tonfall: Die neutrale »Nachrichtenstimme« dieser Phase wirkt sachlich und konzentriert. Georg spricht bewusst leise und unaufgeregt.

PHASE 2: Beschreibung der Gefühle

Skript: »Das stört mich, und es geht mir auf die Nerven.«

Körpersprache: Bei diesen Worten beugt Georg sich vor, seine Hände deuten mit nach oben gedrehten Handflächen auf sich selbst, weil er von seinen eigenen Gefühlen spricht.

Tonfall: Die Stimme von Georg ist mittellaut, wirkt aber eindringlich. Er spricht sehr deutlich, damit die emotionale Botschaft nicht gehetzt oder verwirrt, sondern sehr bewusst rüberkommt.

PHASE 3: Beschreibung der Zielvorstellung

Skript: »Ich bitte dich, deine negativen Beobachtungen für dich zu behalten. Ich erwarte von dir eine gesunde emotionale Distanz, wie sie unter Kollegen üblich ist.«

Körpersprache: Georg richtet sich wieder auf, er stützt die Ellenbogen auf die Tischplatte und signalisiert damit, dass dieser Arbeitsbereich sein Terrain ist, in dem er autark handelt.

Tonfall: Georg wechselt in einen nüchternen Tonfall; seine nunmehr leise Stimme macht klar, dass er sich nicht eigens durchsetzen muss, sondern völlig selbstverständlich auf seine Eigenständigkeit pocht.

Die Abhängigkeitsstrategie: »Ich bin nur für dich da, wenn du an mich glaubst«

Laura und Ann-Kathrin sind seit langer Zeit beste Freundinnen. Sie haben eine Menge gemeinsam durchgestanden – Examensstress, Beziehungsturbulenzen, die Geburt ihrer Kinder. Jetzt sind sie Anfang vierzig. Laura ist nach wie vor verheiratet, Ann-Kathrin lebt getrennt. Die beiden halten zusammen und helfen sich gegenseitig. Was sonst? Na gut, Laura tut vielleicht etwas mehr. Schließlich hat Ann-Kathrin keinen Partner, der mit anfasst, und ein bisschen Unterstützung nötig.

Zum Beispiel nimmt Laura zweimal in der Woche Ann-Kathrins Tochter zu sich, damit sie nicht jeden Nachmittag im Hort verbringt. Laura hat auch mitgeholfen, Ann-Kathrins neue Wohnung zu streichen. Oder sie backt einen Kuchen mehr und bringt ihn Ann-Kathrin. Doch jetzt zeichnet sich eine Krise ab. Die unterschiedlichen Lebenssituationen führen dazu, dass die Freundinnen nicht in allem einer Meinung sind.

Laura behauptet, Ann-Kathrin bekomme das Single-Mama-Leben nicht gut, deshalb solle sie schnellstens wieder einen Mann finden. Im Internet, auf Partys, wo auch immer. Was Ann-Kathrin ablehnt: »Du bist verheiratet, okay, aber ich muss mich erst mal sortieren. Auch ohne Ehe kann man glücklich sein.« Sie fangen an zu streiten. »Denkst du etwa, ich sei in Wirklichkeit gar nicht glücklich?«, fragt Laura empört. »So habe ich das nicht gemeint«, erwidert Ann-Kathrin, »aber für eine Frau ist es auch mal ganz gut, eine Weile eigenständig zu sein.«

Jetzt regt sich Laura richtig auf. »Ich tue so viel für dich, und du? Stellst mich als doofes Heimchen am Herd dar, oder was?« Der Streit eskaliert. Laura ist tödlich beleidigt, dass Ann-Kathrin ihre Theorie von der Unentbehrlichkeit des Mannes nicht teilt und ihr Plan, Ann-Kathrin mit dem »perfekten« neuen Partner zu verkuppeln, nicht auf Gegenliebe trifft. Am Ende stellt Laura ihre Freundin vor eine Entscheidung: »Ich bin nur für dich da, wenn du an mich glaubst.« Als Ann-Kathrin bei ihrer Einstellung bleibt, reagiert Laura prompt. Keine Unterstützung mehr, keine Gefälligkeiten. Die Freundschaft kühlt merklich ab.

In den meisten Beziehungen gibt es ein gewisses Gefälle, was die gegenseitigen Hilfeleistungen betrifft. Ganz egal, ob im Job, in Freundschaften oder Paarbeziehungen – einer meint immer, mehr zu geben als der andere. Derjenige, der mehr gibt oder zu geben meint, spielt oft das Retterspiel »Entweder, du glaubst an mich, oder ich lasse dich fallen«. Er verlangt unbedingte Loyalität bis zur Unterordnung. Dabei handelt es sich um eine Tauschaktion: Ich helfe dir, im Gegenzug stimmst du meinen Überzeugungen und Werten zu.

Laura will unbedingt die Retterin sein. Nicht nur für die Herausforderungen des Alltags, auch was das Lebensglück ihrer Freundin betrifft. Laura ist außerstande, die Ansichten Ann-Kathrins zu akzeptieren, denn sie glaubt, dass sie durch ihre Hilfeleistungen Anspruch auf unbedingte geistige Gefolgschaft hat. Sie klagt also die Dankbarkeit ihrer Freundin in Form der Interpretationshoheit ein. Nur sie, Laura, habe den Durchblick, wie das gelungene Leben aussieht.

Viele Opfer fügen sich dem Meinungsdiktat ihres »Retters«. Um des lieben Friedens willen. Oder weil sich eine gewisse Abhängigkeit entwickelt hat und sie tatsächlich bereit sind, ihrem Retter blind zu folgen. Ann-Kathrin besaß die Stärke, aus diesem Retterspiel auszusteigen. Weit häufiger kommt es vor, dass das Opfer klein beigibt. Da es Hilfe angenommen hat, gesteht das Opfer dann seinem Retter zu, die überlegene Rolle einzunehmen.

Spielgewinne für den Retter:
- Er sammelt soziale Pluspunkte, weil er mehr gibt als empfängt.
- Er betrachtet sich als den Erfolgreicheren.
- Er setzt seine Werte beim Opfer durch, was für ihn einen Gewinn an Selbstwertgefühl bedeutet.

Spielverluste für das Opfer:
- Es gerät in eine subalterne Rolle.
- Es vermeidet, in Opposition zum Retter zu gehen.
- Es hat Angst, durch Äußerung einer eigenen Meinung künftig auf die Wohltaten des Retters verzichten zu müssen.

Fragen, die Sie sich stellen sollten, falls Ihnen solche Situationen bekannt vorkommen:
- Gibt es ein Vorbild in Ihrem Umfeld, an dem Sie sich orientieren?
- Ist dieses Vorbild eine Person, die Ihnen permanent Hilfe anbietet oder der Sie etwas schulden?

- Fühlen Sie sich in Diskussionen verpflichtet, dieser Person recht zu geben?
- Fühlen Sie sich in solchen Situationen stark oder schwach?
- Möchten Sie manchmal widersprechen, verzichten aber darauf?

Spielausstieg – klares Feedback

Der Retter gibt seinem Opfer zu verstehen, dass es zu schwach ist, um eine eigene Meinung zu haben. Damit will er das Opfer an sich binden, was in diesem Beispiel nicht gelang – vielmehr kam es zu einer Entfremdung der Freundinnen, was für Ann-Kathrin nicht nur zum Verlust einer wichtigen Bezugsperson, sondern auch deren tatkräftiger Unterstützung führte. Sehen wir uns an, wie ein adäquates Feedback hätte laufen können:

PHASE 1: Beschreibung der Sachlage
Skript: »Du unterstützt mich, und als Gegenleistung verlangst du, dass ich deine Meinungen übernehme. Deine Ansichten zu Ehe und Partnerschaft teile ich allerdings nicht. Jetzt fühlst du dich angegriffen und stellst mich letztlich vor die Alternative: Entweder passe ich mich deinen Meinungen an, oder du verweigerst mir deine weitere Unterstützung.«

Körpersprache: Ann-Kathrin steht aufrecht und schiebt ihr Becken ein wenig vor, was ihren Schwerpunkt ausbalanciert und ihr – auch psychisch – mehr Standfestigkeit vermittelt.

Tonfall: Ihre Stimme bleibt im tieferen Bereich und wirkt dadurch neutral bis distanziert. Sie spricht leise, aber bestimmt, ohne Zögern.

PHASE 2: Beschreibung der Gefühle

Skript: »Mittlerweile nerven mich unsere Unterhaltungen.«

Körpersprache: In dieser Phase bewegt sich Ann-Kathrin, um ihre Gefühle auch körperlich nachzuempfinden. Sie beugt sich leicht nach hinten und legt die Hände auf den Bauch, dorthin, wo sie die berühmte »Wut im Bauch« spürt.

Tonfall: Ohne die tiefe Stimmlage zu verlassen, spricht Ann-Kathrin mit Nachdruck. Sie betont den Schlüsselbegriff »nerven«.

PHASE 3: Beschreibung der Zielvorstellung

Skript: »Ich möchte, dass du in Zukunft meine Ansichten respektierst. Deshalb erwarte ich von dir eine Entscheidung, ob du auch dann noch meine Freundin sein kannst, wenn ich deine Meinungen nicht teile. Ich wünsche mir, dass wir eine Freundschaft entwickeln, bei der wir uns gegenseitig akzeptieren können.«

Körpersprache: Ann-Kathrin steht wieder gerade, ohne sich zu bewegen. Damit signalisiert sie, dass sie kein »Fähnlein im Winde« ist, sondern mit Gegenwind – und anderen Meinungen – leben kann.

Tonfall: Ann-Kathrin trägt ihre Zielvorstellungen mit neutraler Stimme vor. Sie klingt ruhig und unaufgeregt, weil sie sich ihrer Sache sicher ist.

Die Erpressungsstrategie: »Ich bin enttäuscht, dass du so undankbar bist«

Linus, 35, hatte immer eine besondere Beziehung zu seiner früh verwitweten Mutter. Sie verstanden sich quasi ohne Worte und verbrachten ungewöhnlich viel Zeit miteinander, auch nach der Pubertät. Umso schwieriger war es für Linus, sich freizuschwimmen. Erst mit Ende zwanzig zog er aus, die starke Bindung blieb. Seine Mutter fühlt sich nach wie vor zuständig für Linus. Oft steht sie unangemeldet vor der Tür und bringt ihm etwas vorbei, eine selbst gemachte Lasagne, frische Milch, eine Flasche Wein.

Linus fühlt sich erdrückt von so viel Fürsorge, auch von den besorgten Fragen seiner Mutter: ob er warm genug angezogen sei, ob er seine Kalziumtabletten nehme, ob er alles habe, was er brauche. »Mami, ich bin kein Kind mehr«, hat er schon so oft gesagt. Dann lächelt seine Mutter – und macht genauso weiter. Oft kommt es zu peinlichen Momenten, weil sie manchmal auch abends reinplatzt, wenn Linus' Freundin da ist. In seinem Umfeld nennt man Linus ein Muttersöhnchen.

Vor wenigen Wochen kam es zum Eklat. Linus explodierte. »Ich will dein mitgebrachtes Essen nicht, ich will keine Milch, ich kann für mich allein sorgen!« Seine Mutter konterte: »Aber du isst nicht genug, Schatz. Und in deinem Wäscheschrank …« Linus' Ton wurde schärfer. Schließlich brach seine Mutter in Tränen aus. »Wie kann man nur so undankbar sein«, schluchzte sie. »Ich bin furchtbar enttäuscht.« Betroffen nahm Linus sie in den Arm, voller Schuldgefühle. Seine Mutter ging irgendwann, das schlechte Gewissen blieb.

Mittlerweile ist wieder alles beim Alten. Der Mami-Service läuft auf Hochtouren, obwohl Linus das alles nur lästig ist. Als er doch noch einmal protestierte, zaghaft zumindest, kassierte er sofort wieder den Spruch, er sei undankbar. Also hält er sich zurück, zähneknirschend, mit der festen Überzeugung, dass er seine Mutter nicht vor den Kopf stoßen darf.

Eltern sind geradezu prädestiniert für dieses Retterspiel. Oft gelingt es ihnen nicht zu akzeptieren, dass Kinder erwachsen werden und keine umsichtige Fürsorge mehr brauchen. Statt eine Beziehung zwischen Erwachsenen zu führen, sehen sie immer noch das hilfsbedürftige Kind, das umsorgt werden muss. Dafür erwarten sie Dankbarkeit, ganz egal, ob die Hilfe willkommen ist oder nicht. Unbewusst wollen sie das feste Band erneuern, das einst Eltern und Kinder zusammenschweißte. Dabei übersehen sie, dass diese Art der Unterstützung überflüssig ist – weil hier der Retter der wahre Hilfsbedürftige ist.

Der Retter in diesem Dramaspiel braucht Aufmerksamkeit, Bestätigung, Dankbarkeit, um seinem Leben einen Sinn zu verleihen. Also produziert er beim Opfer Schuldgefühle. Denn Schuldgefühle lösen Scham aus, und die will das Opfer schleunigst wieder loswerden. Der Retter »meint es doch nur gut«. Doch weniger dem Opfer, vielmehr dem Retter soll es gutgehen. *Er* braucht dieses Dramaspiel.

Nicht nur Eltern verknüpfen Hilfsangebote mit Schuldgefühlen. Auch Freunde, Kollegen oder Partner drängen einem manchmal ihre Unterstützung auf und reagieren aggressiv, wenn sie dafür keine übertriebene Dankbarkeit ernten. Dabei ist die unerwünschte Hilfe oft nur das Vehikel für eine erpresserische Strategie: Wenn du nicht dankbar annimmst, was ich dir gebe, bestrafe ich dich, indem ich dir ein schlechtes Gewissen vermittle. Dieses »emotional blackmailing« zeugt von Unreife und mangelnder Empathie des Retters, weil er die wahren Bedürfnisse des Opfers entweder nicht kennt oder ignoriert.

Spielgewinne für den Retter:

- Er erhöht sein Selbstwertgefühl, indem er sich gebraucht fühlt.
- Er erzwingt einen engen Sozialkontakt, der sonst deutlich lockerer wäre.
- Er diktiert die Bedingungen der Beziehung, weil er die Gefühle des Opfers manipulieren kann.

Spielverluste für das Opfer:

- Es ist durch emotionale Erpressung seinem Retter ausgeliefert.
- Es meint, kein Recht zu haben, die Hilfe abzulehnen.
- Es kann Nähe und Distanz zum Retter nicht selbst regulieren.

Fragen, die Sie sich stellen sollten, falls Ihnen solche Situationen bekannt vorkommen:

- Gibt es Personen in Ihrem Leben, die Ihnen Hilfsangebote aufdrängen?
- Scheuen Sie sich, die ungebetene Hilfe abzulehnen?
- Was befürchten Sie in diesem Fall?
- Haben Sie schon einmal versucht, offen mit Ihrem »Retter« zu reden?
- Fühlen Sie sich emotional erpresst?
- Was verbindet Sie mit Ihrem Retter?
- Gäbe es eine Möglichkeit, die Beziehung auf eine andere Basis zu stellen?

Spielausstieg – klares Feedback

Mit dem Vorwurf »Ich bin enttäuscht, dass du so undankbar bist« werden gleich zwei Schwächen des Opfers behauptet: Es sei rücksichtslos, was zur Enttäuschung führt, und es sei undankbar, was als Charakterfehler erscheint. Insofern finden hier zwei Entwertungen statt.

PHASE 1: Beschreibung der Sachlage

Skript: »Dein Verhalten ist das einer Mutter, die sich um ein kleines Kind kümmert. Du bringst mir etwas zu essen, du schaust, ob mein Kühlschrank voll ist, du kontrollierst, ob ich meine Kalziumtabletten nehme. Wenn ich das zurückweise, bist du enttäuscht. Du nennst mich dann undankbar.«

Körpersprache: Solange er die Retterrolle der Mutter hinnahm, hatte Linus sich immer kleingemacht und eine geduckte Körperhaltung eingenommen; jetzt stellt er sich aufrecht hin. Er beugt sich weder vor noch zurück, da er weder übertriebene Nähe noch Distanz kommunizieren möchte.

Tonfall: Bewusst senkt Linus seine Stimme, um jede Kindlichkeit zu vermeiden und männlicher zu wirken. Er trifft Feststellungen, bewertet aber nicht und klingt daher neutral.

PHASE 2: Beschreibung der Gefühle

Skript: »Das irritiert mich und fängt mich in seiner Häufigkeit an zu nerven.«

Körpersprache: Linus macht einen halben Schritt zurück,

um innerlich wie äußerlich Abstand von seiner überbehütenden Mutter zu gewinnen. Wenn er sein Genervtsein artikuliert, legt er die Fingerspitzen an die Schläfen.

Tonfall: Die Stimme von Linus rutscht etwas höher, ohne in die kindliche Tonlage zu wechseln. Er spricht jetzt emotional und eindringlich, jedoch nicht vorwurfsvoll.

PHASE 3: Beschreibung der Zielvorstellung

Skript: »Ich wünsche mir, dass du den erwachsenen Sohn in mir siehst. Deshalb bitte ich dich, dass wir uns nur treffen, wenn wir uns verabredet haben, und dass du mir nur dann etwas mitbringst, wenn ich dich ausdrücklich darum bitte.«

Körpersprache: Linus ist einen halben Schritt auf seine Mutter zugegangen und steht aufrecht vor ihr. Seine Arme hat er seitlich an den Körper gelegt, um ein in sich geschlossenes Bild abzugeben.

Tonfall: Die Zielvorstellungen spricht Linus mit freundlicher, aber neutraler Stimme. Besonders vermeidet er einen »liebedienerischen« Tonfall, den seine Mutter als kindliche Unterordnung missverstehen könnte.

Vorsicht, Dramarollen!

Jede Beziehung bringt ein soziales Lernverhalten mit sich. Das heißt: Wenn wir Dramaspiele unreflektiert mitmachen, trainieren wir unbewusst destruktive Verhaltensweisen. Wer immer wieder erlebt, dass seine Bindungen zu nahestehenden Personen auf Schuldgefühlen beruhen, wird

bei unsicheren Bindungen versucht sein, selbst die Opfer-
rolle einzunehmen. Indem man sich schwach und hilflos
gibt, so die Erfahrung, zwingt man das Gegenüber in die
Retterrolle und zugleich in eine Bindung. Nicht aus böser
Absicht. Einfach nur deshalb, weil man die Manipulation als
Beziehungskitt verinnerlicht hat.

**Sind Sie in Gefahr, Opfersignale zu geben? Der Rollen-
wechsel kündigt sich durch typische Alarmzeichen
an. Gehen Sie die folgenden Fragen durch und kreuzen Sie an, was auf Sie zutrifft:**

- Vermitteln Sie anderen oft das Gefühl, sie müssten
  bestimmte Dinge für Sie erledigen, weil Sie es selbst
  nicht schaffen?
- Gibt es Personen, die Sie als unentbehrliche Stütze
  betrachten und ohne die alles zusammenbrechen
  würde – im Job, in der Beziehung, in der Familie?
- Fordern Sie aktiv und dauerhaft Ratschläge und Hilfeleistungen von anderen?
- Geben Sie Personen innerhalb Ihrer Familie, im Job
  oder im Freundeskreis permanent Anlass zur Sorge,
  weil Sie über Ihre Schwäche, Hilflosigkeit, Überlas-
  tung klagen?
- Haben Sie den Eindruck, dass andere oft die »Feuer-
  wehr« für Sie spielen müssen?
- Betonen Sie manchmal ihre Unfähigkeit, das Leben,
  den Job, Ihre Beziehungen erfolgreich zu meistern?
- Finden Sie es richtig, wenn andere sich für Sie aufopfern?

Wenn Sie mehrere Kreuze gemacht haben, sollten Sie
sich die Frage stellen, ob Sie einen unbewussten Hang zur
Opferrolle haben.

Erste Lösungsperspektiven

Retter neigen oft zum Narzissmus und haben ein überzogenes Selbstbild. Deshalb verfolgen sie mit ihrer Helferattitüde bewusst oder unbewusst eine Strategie, die dieses Selbstbild weiter stärkt. Im Gegensatz zu ehrenamtlich Engagierten, die sich wirklich für eine Sache einsetzen wollen, belästigt der Retter sein Opfer geradezu mit seiner Hilfe. Er drängt sich auf und akzeptiert kein Nein. Stößt er auf Widerstand, wechselt er in die Verfolgerrolle, um sich durchzusetzen.

Manchmal geschieht das sogar bewusst manipulativ. Beispielsweise spielen viele Berater in Banken und Versicherungen den Retter. Erst jagen sie dem Kunden Angst ein: »Pflegenotstand im Alter – stellen Sie sich etwa so Ihre Zukunft vor?« Wenn der Kunde dann erschrocken den Kopf schüttelt, ziehen diese »Berater« den Retter-Joker: »Ich werde Ihnen helfen. Extra für Sie habe ich einen exzellenten Plan entwickelt, damit Sie sich keine Sorgen mehr machen müssen.« Und schon willigt der Kunde ein und schließt eventuell eine Zusatzversicherung ab, die er gar nicht braucht.

Beim Wechsel in die Opferrolle kann ebenfalls bewusste Manipulation im Spiel sein. In diesem Falle würde der Berater sagen: »Sie sind so undankbar! Ich mühe mich ab, stelle Ihnen all meine Kompetenz zur Verfügung, mache sogar Überstunden, damit Sie es später besser haben, doch Sie lassen mich abblitzen.« Hier wird auf Mitleid gesetzt, so wie es auch Verkäufer von Zeitschriftenabonnements an der Haustür tun, wenn sie vorgeben, gerade aus dem Gefängnis entlassen und in existenziellen Schwierigkeiten zu sein. Schärfen Sie Ihre Wahrnehmung, um vor solchen Manipulationen gefeit zu sein!

Skripte im Dialog verändern

Jetzt folgen zwei Szenen, die ein Retterspiel im Dialog wiedergeben. In der ersten Szene trifft ein typischer Retter auf ein typisches Opfer. Schnell klickt der Mechanismus ein, und die beiden spielen verschiedene Rollen durch. Die zweite Szene zeigt, wie der Ausstieg gelingt. Hier also Susi und Daniela, zwei Freundinnen, die sich auf ein Glas Wein verabredet haben.

Variante 1

Daniela *(spricht im besorgten Rettertonfall)*:
»Hi, Susi, du siehst aber total fertig aus. Bist du krank?«
Susi *(etwas verunsichert, auf dem Weg zur Opferhaltung)*:
»Eigentlich nicht. Komisch. Wie kommst du darauf? Stimmt was nicht mit mir?«
Daniela *(in beschwörendem Ton)*:
»Na, du sitzt hier rum wie ein Schluck Wasser in der Kurve – blass und abgespannt.«
Susi *(wechselt in die Opferrolle)*:
»Oh. Mist. Na ja, ich hatte viel Stress in letzter Zeit, wenn ich's mir richtig überlege. Ich hänge ziemlich durch.«
Daniela *(spricht beruhigend)*:
»Das wird schon wieder. Dir fehlen Vitamine. Ich kenne ein ganz tolles Präparat, damit kommst du in Nullkommanix wieder auf die Beine.«
Susi *(ärgerlich, wechselt in den Verfolgermodus)*:
»Du hast sie ja wohl nicht alle. Komm mir bloß nicht mit diesem Vitaminmist!«
Daniela *(wird ärgerlich, wechselt ebenfalls in den Verfolgermodus)*:

»Hallo? Wieso machst du mich fertig? Du bist echt daneben.«

Susi *(erschrocken, fällt sofort wieder in die Opferrolle)*:

»Nein, sorry, war nicht so gemeint. Vitamine sind wahrscheinlich eine gute Idee.«

Daniela *(triumphierend)*:

»Na, also. Und parallel zu den Vitaminen fängst du mit Joggen an, das hat mich echt fit gemacht.«

Da haben sich zwei gefunden. Wie Deckel und Topf passen Sie sich einander an. Nach zwischenzeitlicher Skepsis fügt sich Susi in ihre Opferrolle. Sehr wahrscheinlich hat sich jetzt eine Konstellation gebildet, die lange hält: Daniela hat das Heft in der Hand, Susi ordnet sich unter. Da sie Daniela vertraut, wird sie ihre Freundin als Autorität akzeptieren, sie weiterhin um Rat fragen und auf neuerliche Ratschläge sofort eingehen – ohne selbst zu überlegen, was sie braucht.

Variante 2

Daniela *(spricht freundlich-neutral)*:

»Hey, du bist ein bisschen blass um die Nase. Alles okay?«

Susi *(lachend)*:

»Bisschen stressig zur Zeit, aber sonst alles klar so weit. Vielleicht sollte ich mal auf die Sonnenbank gehen, dann sehe ich wieder aus wie das blühende Leben.«

Daniela *(neutral)*:

»Gute Idee. Trotzdem: Falls ich etwas für dich tun kann, sag es mir.«

Susi *(lächelnd)*:

»Danke für dein Angebot, ich komme darauf zurück, wenn ich es brauche.«

Daniela *(ebenfalls lächelnd):*

»Kein Ding. Du kannst ja auch selbst mal sehen, wie du am besten Stress abbaust.«

Susi *(nickend):*

»Vielleicht sollte ich wieder mit dem Joggen anfangen, das bringt mir immer eine Menge Energie.«

Hier findet ein Gespräch von Gleich zu Gleich statt. Daniela ist zwar besorgt, lässt Susi aber den Freiraum, selber zu überlegen, ob und wie sie auf diese Besorgnis eingehen möchte. Vor allem überlässt sie Susi die Entscheidung über eventuelle Maßnahmen. Sie drängt ihr keine Lösungen auf, sondern hat sie am Ende ermuntert, selbst aktiv zu werden. Das ist ein wichtiger Unterschied zum Dramaspiel, das in die Passivität des Opfers mündet. Während der Retter nicht existente Probleme *für* das Opfer löst und es damit hilflos durch Hilfe macht, ist der dramafreie Kommunikationspartner empathisch und lässt seinem Gegenüber völlige Entscheidungsfreiheit.

Verfolgerspiele: *Ich bin okay, die anderen sind nicht okay*

Die Einschüchterungstaktik: »Hab ich dich erwischt!«

Dr. M., ein resoluter Mittvierziger, regiert mit harter Hand. Er ist Abteilungsleiter in einer Versicherungsfirma, seine Mitarbeiter nennen ihn »die Hyäne«. Dauernd schnüffelt er herum, fragt Kollegen aus, wittert irgendeine faule Sache. Tja, der Mann ist eben ein manischer Kontrollfreak. Misstrauen ist sein zweiter Vorname. Und garantiert findet er was.

Neulich hat er wieder mal zugeschlagen. Eigentlich ging es um nichts Wichtiges, nur um ein paar Kaffeepads. Dr. M. meint nämlich, dass zu viele verbraucht werden. Pech für den Auszubildenden Andreas, Anfang zwanzig. Er ist bekennender Koffein-Junkie. Man hatte ihn angewiesen, einige Versicherungspolicen zu kopieren, vorher wollte er sich einen Espresso genehmigen. Ganz normal, oder?

Der Azubi hatte nicht mit Dr. M. gerechnet. Der wartete hinter der Tür, bis die Kaffeemaschine ansprang, dann stürmte er wutentbrannt in die Teeküche. »Hab ich dich erwischt!«, rief er so laut, dass es die ganze Abteilung hörte. »Wo sind die Kopien? Was denkst du dir eigentlich? Dass wir hier ein Coffee-Shop sind? Und dass ich zu blöd bin, so was mitzubekommen? Na, du wirst dich noch wundern! Jetzt ziehe ich andere Saiten auf!« Ohne seinen Espresso schlich sich Andreas zurück ins Großraumbüro, wo sich Herr M. noch mal bedrohlich vor ihm aufbaute. Die Fäuste geballt und mit eisiger Miene verkündete er: »Wer sich hier nicht richtig ins Zeug legt, fliegt. Ich habe jeden Einzelnen im Blick! Mir entgeht nichts! Ab jetzt wird hart durchgegriffen!« Niemand wagte zu antworten. Alle starrten betreten auf ihre Tastaturen.

Die Stimmung war immer noch gedämpft, als Dr. M. längst wieder in seinem Büro verschwunden war. Im Grunde ein Dauerzustand. Der Abteilungsleiter versteht es, ein Klima der Angst zu erzeugen. Er schüchtert seine Mitarbeiter systematisch ein, verhält sich distanzlos – etwa, indem er sie spontan duzt – und gibt jedem zu verstehen, dass er ihn in der Hand hat. Drohungen gehören zu seinem Lieblingsrepertoire. Entweder spuren oder Kündigung, das ist die Alternative, die er täglich wiederholt.

»Hab ich dich erwischt!« ist ein sehr beliebtes Verfolgerspiel. Warum es so gut funktioniert? Schlägt ein Verfolger zu und schüchtert jemanden ein, werden oft alte Ängste wach. Man erinnert sich unwillkürlich an Vorfälle aus der Kindheit. Daran, wie einen der Lehrer beim Abschreiben erwischt hat, oder wie die Mutter herausbekam, dass man heimlich rauchte.

Solche archetypischen Erfahrungen haben wir alle als Kinder gemacht – ertappt zu werden. Wenn wir keine gefestigte, erwachsene Persönlichkeit entwickelt haben, rutschen wir automatisch in den kindlichen Angstzustand zurück, sobald jemand behauptet, er hätte uns »erwischt«. Verrückt: In dieser Geschichte ist das gar nicht der Fall. In dem betreffenden Büro kann sich jeder zwischendurch einen Kaffee holen. Dennoch sind alle wie paralysiert, als der Abteilungsleiter loslegt.

Diesem Chef gelingt es in seiner Verfolgerrolle, seine Mitarbeiter in die Rolle ängstlicher Opfer zu drängen. Sie können nicht mehr auf Augenhöhe agieren und kommunizieren. Niemand widerspricht ihm, niemand versucht, derartige Vorfälle auf der Sachebene zu klären. Die Emotionen überdecken die objektiven Tatsachen. Typischen Opfern fällt es schwer, die manipulative Taktik zu durchschauen, weil sie sich ihrer eigenen Gefühle und ihres Wertes nicht bewusst sind. Sie sind in diesem Sinne unreif. Man könnte auch sagen: Sie sind nicht erwachsen geworden, sondern verharren in einer mythischen Kinderwelt. In dieser Welt muss man den Eltern gehorchen, und es gibt bedrohliche Monster, gegen die man nichts tun kann. Deshalb ordnen sich Opfer auch später unter und akzeptieren ein angstbesetztes Klima.

Spielgewinne für den Verfolger:
- Der Verfolger zieht Aufmerksamkeit auf sich.
- Der Verfolger genießt seine Macht über andere.
- Der Verfolger meint, eine höhere Leistung seiner Mitarbeiter, Partner, Freunde erzwingen zu können.

Spielverluste für das Opfer:
- Das Opfer wird in alte Ängste verstrickt.
- Das Opfer wird handlungsunfähig, ist »wie gelähmt«.
- Das Opfer verbleibt in einem kindlichen, angstgesteuerten Zustand.

Fragen, die Sie sich stellen sollten, falls Ihnen solche Situationen bekannt vorkommen:
- Haben Sie Angst vor jemandem?
- Fühlen Sie sich ausgeliefert und schwach, wenn diese Person mit Ihnen in Kontakt tritt?

- Wie äußern sich Ihre Empfindungen?
- Gibt es rationale Gründe, Angst zu haben?
- Könnten Sie sich ein klärendes Grundsatzgespräch vorstellen?
- Wenn nicht – was hält Sie davon ab?
- Gab es in Ihrer Kindheit Personen, die Ihnen Angst und Schrecken einjagten?
- Hat die aktuelle Person Eigenschaften oder Verhaltensweisen, die dieser Person aus Ihrer Kindheit ähneln?

Spielausstieg – klares Feedback

Die Formulierung »Hab ich dich erwischt!« impliziert, dass Andreas schon länger Verbotenes tat oder seine Arbeit nicht ordentlich erledigte. Es ist also ein Generalverdacht, den der Verfolger hier zur Sprache bringt.

PHASE 1: Beschreibung der Sachlage

Skript: »Sie unterstellen mir, dass ich meine Arbeit vernachlässige. Weiterhin meinen Sie, ich würde Sie unterschätzen und daher annehmen, ich könnte in meiner Arbeitszeit Unerlaubtes tun. Sie duzen mich, ohne dass ich Sie darum gebeten habe. Außerdem drohen Sie mir und meinen Kollegen ständig mit dem Rauswurf.«

Körpersprache: Andreas unterlässt alles, was eine Opferhaltung signalisieren könnte – zieht also den Kopf nicht ein, duckt sich nicht, schaut nicht weg, sondern hält Blickkontakt und steht gerade.

Tonfall: Andreas spricht ruhig und deutlich, eher leise als laut.

PHASE 2: Beschreibung der Gefühle

Skript: »Ich fühle mich sehr unwohl dabei, und ich mache mir Sorgen um mein Zeugnis.«

Körpersprache: Andreas signalisiert Distanz, indem er sich zurückbeugt, seine Hände vollführen rollende Gesten vor dem Körper, was seine innere Bewegung widerspiegelt.

Tonfall: Im Kontrast zur lauten, hohen Stimme des Chefs bleibt Andreas in einer leisen, tiefen Stimmlage. Gleichzeitig spricht er gepresst, um seine emotionale Betroffenheit zu kommunizieren.

PHASE 3: Beschreibung der Zielvorstellung

Skript: »Ich möchte nicht, dass Sie mich grundlos bloßstellen. Weiterhin wünsche ich mir, dass Sie in Zukunft Kritik im Rahmen eines Mitarbeitergesprächs äußern und dabei klar formulieren, was Sie genau wollen.«

Körpersprache: Nun stellt sich Andreas wieder gerade hin und sieht seinem Chef in die Augen. Seine Hände liegen locker auf den Oberschenkeln, ohne jede Nervosität.

Tonfall: Andreas redet so, wie er sich Gespräche mit seinem Chef wünscht: sachlich und nüchtern. Bewusst verlangsamt er das Tempo, denn im Opfermodus würde er schnell und gehetzt sprechen.

Die Schuldgefühltaktik:
»Sie schon wieder!«

Das Betriebsklima im inhabergeführten Friseursalon »Abschnitt« war eigentlich immer ganz gut. Die Kollegen verstanden sich bestens – wenn nur nicht der Dauerclinch zwischen Chefin Waltraud, 52, und ihrer Stellvertreterin Sandra, 35, gewesen wäre. Sandra hat sich im Laufe der Jahre einen großen Kundenstamm aufgebaut und gilt als Spezialistin fürs ultramodische Styling. Das wurmt die Chefin, die zwar ebenfalls sehr kompetent ist, jedoch einen etwas traditionelleren Stil pflegt.

Offen wird das alles nicht ausgesprochen, doch spürbar ist es permanent. Ein typischer Tag im Friseursalon endet mit Tränen. Irgendwas ist immer. Braucht Sandra etwas länger als geplant mit einer Kundin, explodiert die Chefin: »Der Laden ist voll! Schon wieder lassen Sie die Leute warten!« Vergisst Sandra, ein paar Haarbüschel wegzufegen, giftet Waltraud: »Typisch! Immer sieht es an Ihrem Platz wie im Saustall aus!« Wenn eine bestimmte Haarspülung fehlt, ist klar, wem die Chefin die Schuld gibt: »Sandra! Wie oft habe ich Ihnen schon gesagt, dass Sie nicht so viel von der Spülung nehmen sollen! Aber natürlich müssen Sie immer alles verschwenden!«

Kommt es zu so einer Szene, reagiert Sandra stets gleich: Kopf einziehen, Lippen zusammenkneifen, Schweigen. Erst später, wenn der Salon leer ist, fließen ihre Tränen. Seltsamerweise hat Sandra nicht den Mut, sich gegen die Anschuldigungen zu wehren. Dabei weiß sie, dass sie das Zugpferd des Ladens ist. Theoretisch weiß sie es. Sobald aber die Chefin aggressiv wird, zerbröselt Sandras Selbstbewusstsein, und sie bekommt ein schlechtes Gewissen.

Schon seit Längerem denkt sie über eine Kündigung nach. Andererseits wäre ein Neubeginn woanders schwierig, und bis sie sich wieder einen vergleichbar großen Kundenkreis erarbeitet hat, können Wochen, wenn nicht Monate vergehen. Sie braucht den Job. Deshalb begehrt sie nicht auf. Und vielleicht hat die Chefin ja doch recht mit ihren Anschuldigungen? Also rackert sich Sandra noch mehr ab als sowieso schon, macht Überstunden, putzt freiwillig den Salon nach Ladenschluss. Nur ihr schlechtes Gewissen, das wird sie dadurch leider nicht los.

Das Verfolgerspiel »Sie schon wieder!« ist besonders perfide. Über lange Zeiträume, manchmal über Jahre hinweg, zerstört der Verfolger das Selbstwertgefühl eines bestimmten Menschen und ersetzt es durch Schuldgefühle. Die Methode ist die des tropfenden Wasserhahns statt des Hammers. Und steter Tropfen höhlt bekanntlich den Stein: Das Zielobjekt gerät immer mehr in die Opferrolle, die schließlich zur zweiten Natur wird.

Die Taktik, jemandem durch wiederholte Vorwürfe ein schlechtes Gewissen einzureden, wird verbal mit Ausdrücken wie »immer« und »typisch« unterstützt. Der Verfolger drückt seinem Opfer einen negativen Stempel auf. Anfangs kann das Opfer solche negativen Zuschreibungen vielleicht noch relativieren, aber irgendwann bricht der innere Widerstand, und dann folgt tiefe Resignation.

Schuldgefühle sind ein starker Kitt zwischen Verfolger und Opfer, weil das Opfer ungewöhnliche Anstrengungen unternimmt, um endlich von den Vorwürfen freizukommen. Vergebens. Denn selten haben solche Schuldgefühle objektive Gründe. Vielmehr wittert der Verfolger, dass sein Opfer unsicher ist. Dann hat er leichtes Spiel. Jeder fragt sich doch manchmal, ob er genug Leistung bringt, ob er wirklich liebenswert ist, ob er Anerkennung verdient hat. Schließlich hat jeder seine kleinen Schwächen, niemand ist unfehlbar. Dennoch hat jeder das Recht auf Respekt – was den Verfolger nicht die Bohne interessiert.

Spielgewinne für den Verfolger:
- Der Verfolger bindet das Opfer durch Schuldgefühle eng an sich.
- Der Verfolger kann vom Opfer mehr Leistung, Zuwendung und Aufmerksamkeit verlangen als von anderen.
- Der Verfolger kann sein Opfer manipulieren, weil es verzweifelt um Anerkennung ringt.

Spielverluste für das Opfer:
- Das Opfer zweifelt ständig an sich selbst.
- Das Opfer reibt sich auf, um seine Schuldgefühle loszuwerden.
- Das Opfer fühlt sich dauerhaft in der Falle.

Fragen, die Sie sich stellen sollten, falls Ihnen solche Situationen bekannt vorkommen:
- Hegen Sie jemandem gegenüber Schuldgefühle?
- Wie spricht dieser Jemand Ihre Schuldgefühle an?
- Gibt es objektive Gründe für Ihr schlechtes Gewissen, oder handelt es sich um etwas, was man schwer konkret fassen kann?
- Fühlen Sie sich aufgrund Ihres schlechten Gewissens dem anderen besonders verpflichtet? Mehr für ihn zu arbeiten, ihm jeden Gefallen zu tun?
- Überschatten Schuldgefühle Ihre Freude am Job, eventuell auch an einer Beziehung?
- Versuchen Sie vergeblich, Ihre Schuldgefühle durch Leistung, Wohlverhalten etc. zu bekämpfen?
- Haben Sie Schwierigkeiten, sich selbst zu mögen?

Spielausstieg – klares Feedback

In Formulierungen wie »typisch« und »immer« versteckt sich eine generelle Abwertung. Der Verfolger demonstriert damit, dass er eine negative Systematik im Verhalten des Opfers sieht. Chefin Waltraud verurteilt Sandra als Mensch und Mitarbeiterin.

PHASE 1: Beschreibung der Sachlage

Skript: »Sie kritisieren mich unablässig. Mit dem Satz ›Sie schon wieder‹ deuten Sie an, dass Sie meine Qualifikation und mein Verantwortungsbewusstsein grundsätzlich infrage stellen.«

Körpersprache: Sandra verlässt ihre Opferrolle, indem sie sich aufrecht vor ihre Chefin stellt. Bewusst sucht sie den Blickkontakt.

Tonfall: Die Stimme von Sandra klingt ungewohnt voll. Der Tonfall ist neutral, nicht defensiv.

PHASE 2: Beschreibung der Gefühle

Skript: »Ich bin darüber sehr verärgert.«

Körpersprache: Jetzt beugt Sandra sich vor, damit sie selbst – und auch ihre Chefin – die negativen Gefühle spürt. Ihre Arme liegen angewinkelt seitlich am Körper, was die Entschlossenheit demonstriert, endlich Klarheit zu schaffen.

Tonfall: Sandras Stimmlage liegt im mittleren Bereich. Sie betont den Schlüsselbegriff »verärgert«.

PHASE 3: Beschreibung der Zielvorstellung

Skript: »Ich möchte, dass Sie mich in Zukunft mit Respekt behandeln und meine Leistung anerkennen. Ich wünsche mir, dass Sie ein Betriebsklima ermöglichen, in dem ich meine Arbeit mit Freude tun kann.«

Körpersprache: Sandras aufrechte Haltung strahlt Ruhe und Entschlossenheit aus. Damit zeigt sie, dass sie sich als gleichwertige Gesprächspartnerin betrachtet.

Tonfall: Sandras Stimme ist fest und eher tief. Sie spricht leise, um sich vom gereizten Klang der Stimme ihrer Chefin abzugrenzen.

Die Schocktaktik: »Ich schreie, so lange ich will!«

Gabriele galt schon immer als ziemlich temperamentvoll. Bereits als junges Mädchen zerschlug sie Geschirr, wenn ihr etwas nicht passte. Mittlerweile ist Gabriele Ende dreißig, arbeitet halbtags als Prokuristin in einem Umzugsunternehmen, ist mit Tobias verheiratet und Mutter von drei Kindern. Doch ihre Wut hat sie nie in den Griff bekommen. Musste sie auch nicht. Denn irgendwann stellte sie fest, dass sie ihr Umfeld dominiert, wenn sie bühnenreife Wutanfälle inszeniert.

Wenn Gabriele schreit, wackeln die Wände. Ein nichtiger Anlass genügt, und sie rastet völlig aus. Ohne Limits, ohne einen Rest Selbstbeherrschung. Ihr Jüngster hat einen Marmeladenfleck auf der Couch hinterlassen? Die Sekretärin hat einen Auftrag falsch abgelegt? Schon brüllt sie los. Mit erhobenen Händen, flammendem Blick, schriller Stimme.

Auch kleinere Anlässe sind ihr willkommen. Sie macht aus jeder Mücke einen Elefanten und steigert sich regelrecht in ihre cholerischen Anfälle hinein. Denn sie weiß ja: Sobald sie loslegt, sagt keiner mehr einen Ton. Gabriele genießt die Macht, die sie dabei empfindet. Alles hört auf ihr Kommando, so will sie es haben.

Möglicherweise hat Gabriele schon früh die Erfahrung abgespeichert, dass unkontrolliertes Geschrei andere terrorisieren kann. Ihr Mann Tobias wirft ihr jedenfalls vor, sie imitiere ihren Vater, der den gleichen Terror verbreitet, mit grauenhaften Wutausbrüchen. Seine aggressiven Auftritte bei Familienfeiern sind gefürchtet, doch der hohe Emotionspegel erstickt jeden Widerspruch. Es ist einfach zu schockierend, wenn jemand jede normale Umgangsform hinter sich lässt und ungehemmt losschreit. Das hat Tobias resignieren lassen. Er ordnet sich als Opfer unter.

Schreien gehört zu den Verhaltensformen, die in jedem Menschen instinktive Ängste wecken. Es löst eine erhöhte Alarmbereitschaft aus. Wenn eine Person schreit, kann das die passende Antwort auf eine spezifische Situation sein: Jemand ist in Gefahr, empfindet Schmerz, oder er will andere warnen. In der Verfolgerrolle hat sich das Schreien verselbstständigt. Man kann es nicht richtig zuordnen, deshalb verharren die Opfer in einem Zustand der Ratlosigkeit. Sie unterwerfen sich dem Diktat dieser hochemotionalen Theatralisierung, unfähig, adäquat darauf zu reagieren. Im Zweifelsfall nehmen sie die Duldungsstarre ein. Sie ordnen sich unbewusst der betreffenden Person unter, aus Angst, durch eine Intervention noch mehr Geschrei zu provozieren.

Das Verfolgerspiel »Ich schreie, so lange ich will!« wirkt simpel, und doch ist es raffiniert. Warum? Weil es uns mit einem unkontrollierten Kinder-Ich konfrontiert. Wir werden zur Impulskontrolle erzogen, zu einem gemäßigten Verhalten. Mit anderen Worten: Wir lernen, unsere Emotionen nicht ungebremst zu zeigen, sondern nur in einem sozial kompatiblen Maß. Eltern ermahnen ihre Kinder: »Wein doch nicht! Hör sofort auf zu schreien!« Im Laufe der Zeit gewöhnen wir uns an, eine soziale Maske zu tragen, hinter der wir unsere Gefühle verbergen. Wenn sich jemand diese Maske abreißt, bereitet uns das Furcht und Unbehagen. Der Grund ist die »Grandiosität« dieses Verfolgerspiels: die großen Gesten, die sich überschlagende Stimme, die rollenden Augen. Als sei hier eine Tragödie griechischen Ausmaßes im Gang. Alles wird vom Verfolger aufgebauscht, verformt und übertrieben, nichts entspricht der vertrauten Konvention. Die Opfer sind mit einem Schlag aus der Normalität herausgerissen. Sie wissen nicht, wie sie sich verhalten sollen, und haben nur Angst, es könnte noch schlimmer kommen.

Durch die emotionale Entgrenzung des Verfolgers kann das Opfer keine heilsame Distanz einnehmen. Das bedeutet, dass es sich nicht mehr rational und emotional abgrenzen kann. Es wäre letztlich angebracht zu sagen: Gabriele ist doch eine Karikatur; die sollte sich mal zusammenreißen; was soll diese oscarreife Darbietung? Doch für solche nüchternen Einschätzungen fehlt der nötige Abstand. Stattdessen beansprucht der Verfolger die volle Anerkennung durch die »Würde« seiner Theatralik.

Spielgewinne für den Verfolger:

- Der Verfolger verwehrt den Opfern vernünftige Handlungsoptionen und sichert sich dadurch Macht.
- Der Verfolger umgeht Konfliktlösungen, bei denen er selbst auf dem Prüfstand steht.

- Der Verfolger wird mit Samthandschuhen angefasst, oft sogar hofiert, weil sein Umfeld neue Ausbrüche fürchtet.

Spielverluste für das Opfer:
- Das Opfer spürt Ohnmacht und Hilflosigkeit.
- Das Opfer kann auf keinerlei gewohnte Reaktionsmuster zurückgreifen, weil das Schreien eine Ausnahmesituation bedeutet.
- Das Opfer verharrt in quälender Ungewissheit, weil es nie weiß, wann der nächste Ausbruch kommt.

Fragen, die Sie sich stellen sollten, falls Ihnen solche Situationen bekannt vorkommen:
- Gibt es Menschen, die Sie regelmäßig anbrüllen?
- Wie fühlen Sie sich dabei?
- Haben Sie versucht zu intervenieren?
- Wenn nicht, was befürchten Sie im Fall einer Intervention?
- Waren Sie schon einmal versucht, zurückzubrüllen?
- Erinnern Sie sich an Situationen in Ihrer Kindheit, in denen man Sie anschrie?
- Was überwog damals? Angst? Scham? Ohnmacht?

Spielausstieg – klares Feedback

Der Verfolger überschreitet Grenzen. Er entwertet seine Opfer, indem er die gültigen Konventionen missachtet und mit seinem Geschrei einen verwirrenden Ausnahmezustand erzeugt.

PHASE 1: Beschreibung der Sachlage

Skript: »Dein Verhalten entspricht nicht dem üblichen Umgang. Wenn dir etwas missfällt, schreist du los, schon zum vierten Mal in dieser Woche: Montag, Mittwoch, Donnerstag und heute. Ein weiteres Gespräch ist dann nicht möglich.«

Körpersprache: Gabrieles Mann Tobias lässt seine Opferhaltung hinter sich, indem er sich aufrichtet. Seine andeutungsweise ausgebreiteten Arme signalisieren, dass er sich nicht vor potenziellen Angriffen fürchtet – er nimmt keine Schutzhaltung ein.

Tonfall: Tobias spricht mit klarer, fester Stimme. Im Besonderen vermeidet er den beschwichtigenden Tonfall, den er früher hatte.

PHASE 2: Beschreibung der Gefühle

Skript: »Es macht mir Angst, wenn du schreist.«

Körpersprache: Tobias beugt sich zurück und verschränkt die Arme. Damit kommuniziert er seine Angst auch gestisch und setzt zugleich das körperliche Signal einer Grenzziehung, als Antwort auf die Grenzüberschreitung seiner Frau.

Tonfall: Bewusst wählt Tobias eine sehr tiefe, »männliche« Stimmlage. Er möchte keinesfalls leidend und damit in Opfermanier sprechen, sondern seine Emotionen selbstbewusst artikulieren.

PHASE 3: Beschreibung der Zielvorstellung

Skript: »Ich wünsche mir, dass du deine negativen Gefühle unter Kontrolle bekommst und wir Konflikte erwachsen und klar austragen können. Ich erwarte von dir, dass du an dir arbeitest und lernst, berechtigte Kritik gelassen zu formulieren.«

Körpersprache: Um seine Stärke und seine Unabhängigkeit zu zeigen, stellt Tobias die Füße leicht auseinander und strafft seine Schultern.

Tonfall: Den neutralen Tonfall verstärkt Tobias, indem er betont langsam spricht und in der tiefen, sonoren Stimmlage bleibt. Diese unaufgeregte, sachliche Sprechweise setzt er bewusst der Theatralik seiner Frau entgegen.

Die Entwertungstaktik: »Du bist das Letzte!«

Ines und Kevin sind ein schönes Paar. Beide Ende zwanzig, beide erfolgreich im Beruf, beide tough und selbstbewusst. Sie führen eine gleichberechtigte Partnerschaft, beteuern sie, geben aber zu, dass es manchmal zu heftigem Gerangel kommt. Wer hat die Hosen an? Wer bestimmt, wo's langgeht? »Okay, manchmal fliegen die Fetzen«, sagt Kevin, »aber danach haben wir tollen Versöhnungssex.« Ja, Ines und Kevin streiten hin und wieder. Gehört ja auch irgendwie dazu, oder? Allerdings hat sich seit einiger Zeit ein verletzender Ton eingeschlichen. Ines gibt es nur ungern zu, doch langsam geht ihr die Streitlust ihres Lebensgefährten zu weit. So wie bei der Sache mit dem Urlaub.

Kevin mag Reisen, bei denen man ausspannen kann und faul am Pool liegt. Ines dagegen steht auf sportliche Aktivurlaube. Bisher war das kein Problem, weil Ines immer zurücksteckte und der Zweisamkeit zuliebe mehr Zeit am

Pool als beim Wassersport verbrachte. Bis Kevin seine Partnerin ungefragt mit einem Strandurlaub an der Costa del Sol überraschte. Das war nett gemeint, doch für Ines, die seit Langem von einer Tauchreise nach Ägypten träumte, ein Schlag ins Gesicht. Sie sagte rundheraus, sie habe keine Lust auf einen reinen Strandurlaub. Kevin regte sich fürchterlich auf. »Hab ich hier gar nichts mehr zu sagen? Warum kannst du nicht mir zuliebe einfach mitkommen?« Ines verteidigte sich mit dem Hinweis, sie habe so wenig Urlaubstage, dass sie diese nicht auf einer Sonnenliege verplempern wolle, was Kevin nur noch stärker erbitterte: »Du bist so was von daneben!« Ines war entsetzt. »Was meinst du damit?« Die Antwort kam prompt: »Stur und dickköpfig eben!«

Ein Wort gab das andere. Wie so oft, kam es zu einer Grundsatzdebatte. Vergeblich versuchte Ines, ihren Standpunkt zu begründen, Kevin aber war längst auf einem anderen Dampfer. »Du bist beziehungsunfähig! Eine Nervensäge! Ich habe es so satt!« Völlig überrumpelt stand Ines da. »Das meinst du nicht ernst.« »Aber klar doch«, konterte Kevin. »Echt, du bist das Allerletzte!«

Es war nicht das erste Mal, dass Kevin die Formulierung benutzte, Ines sei »das Letzte«. So endet der Streit in der absoluten Destruktion. Vernünftige Lösungen für Konflikte gibt es seither nicht mehr, weil die Auseinandersetzungen regelmäßig eskalieren. Für Ines ist das eine Katastrophe. Sie liebt Kevin, deshalb lässt sie sich permanent auf faule Kompromisse ein. Andererseits nagt es an ihrem Selbstwertgefühl, wenn er sie ohne jede Rücksicht verbal in die Tonne tritt. Ines fühlt sich, als sei sie in dieser Beziehung ein Mensch zweiter Klasse.

»Du bist das Letzte!« ist ein zerstörerischer Satz. Der Verfolger legt es darauf an, sein Gegenüber völlig Schachmatt zu setzen. Er diffamiert und demütigt sein Opfer. Er gibt ihm zu verstehen, dass es bedeutungslos und wertlos ist. Er degradiert es zu einem Wesen, mit dem man sich nicht inhaltlich auseinandersetzen muss.

Hinter diesem Verfolgerspiel stehen oft verdeckte oder offene Machtkämpfe. Meist ringt der Verfolger um seine Position, ängstlich darauf bedacht, nur keinen Zentimeter Terrain zu verschenken. Deshalb setzt er sich als überlegener Angreifer in Szene und weist dem anderen die Rolle des unfähigen Opfers zu. Auf diese Weise umgeht er ein echtes Kräftemessen. Er disqualifiziert den Gesprächspartner von vornherein ab – wie ein Sportler, der dem gefürchteten Konkurrenten verbieten wollte, überhaupt am Wettkampf teilzunehmen. In Zeiten, als man sich noch duellierte, sprach man davon, jemand sei »nicht satisfaktionsfähig«, gehöre also einer niedrigeren Schicht an, die das Ritual des Duells nicht wert sei.

In kriselnden Paarbeziehungen findet man dieses Verfolgerspiel, wenn die Rollen in der Beziehung ungeklärt sind. In Unternehmen können verdeckte Hierarchiekämpfe solche Mechanismen auslösen. Die finale Herabwürdigung: »Sie sind das Letzte!« spricht dem Opfer jede fachliche und menschliche Kompetenz ab. Eine vernichtende Taktik. Auch äußerst effizient beim Mobbing. Wenn keine konkreten Themen mehr zur Debatte stehen, sondern der ganze Mensch infrage gestellt wird, gibt es keine Gegenargumente – und der Gemobbte kann sich nicht verteidigen.

Spielgewinne für den Verfolger:
- Der Verfolger beansprucht eine sakrosankte Machtposition, die er nicht argumentativ begründen muss.

- Der Verfolger sonnt sich in dem Gefühl, auf jeder Ebene besser als das Opfer zu sein – auch menschlich.
- Der Verfolger muss sich nicht auf echte Debatten einlassen, bei denen er den Kürzeren ziehen könnte.

Spielverluste für das Opfer:
- Das Opfer wird in seiner gesamten Existenzberechtigung erschüttert.
- Dem Opfer wird eine Konfliktlösung auf Augenhöhe verwehrt.
- Das Opfer zieht sich meist zurück und gerät in die Isolation.

Fragen, die Sie sich stellen sollten, falls Ihnen solche Situationen bekannt vorkommen:
- Wer entwertet Sie?
- Wie geht dieser Verfolger vor?
- Fühlen Sie sich dieser Person ausgeliefert?
- Was würden Sie ihr gern sagen?
- Warum, denken Sie, werden Sie herabgewürdigt?
- Haben Sie schon früher erlebt, dass jemand Sie als Idioten, Dummkopf, als das Allerletzte beschimpft hat?

Spielausstieg – klares Feedback

Auf den ersten Blick erkennt man die Entwertung. »Du bist das Allerletzte« ist eine fundamentale Demontage. Jedes Gegenargument prallt daran ab, solange ein Dramaspiel läuft.

PHASE 1: Beschreibung der Sachlage
Skript: »Mir ist aufgefallen, dass du mich in letzter Zeit häufig als ›das Letzte‹ titulierst.«

Körpersprache: Ines signalisiert mit ihrer aufrechten Haltung und dem durchgedrückten Rücken, dass sie die Entwertung nicht akzeptiert. Sie zeigt Selbstbewusstsein auch durch ihren erhobenen Kopf.

Tonfall: Während Ines bei Streitigkeiten oft mit hoher Stimme und sehr schnell spricht, bleibt ihre Stimmlage jetzt im tiefen Bereich, und sie spricht deutlich langsamer.

PHASE 2: Beschreibung der Gefühle

Skript: »Ich bin tief verletzt und langsam auch wütend.«

Körpersprache: Ines unterstreicht die Beschreibung ihrer Gefühle durch ein leichtes Zurückbeugen. Bewusst geht sie auf Distanz, statt als Opfer die emotionale Nähe des Verfolgers zuzulassen. Ihre Handflächen zeigen nach vorn, womit sie eine Grenze zieht.

Tonfall: Ihre Stimmlage ist jetzt ein wenig höher, was ihrer emotionalen Befindlichkeit entspricht, gleitet allerdings nicht in hohe, hysterisch wirkende Lagen. Sie bleibt bei sich und spürt ihre Stimme im Brustkorb vibrieren.

PHASE 3: Beschreibung der Zielvorstellung

Skript: »Ich möchte in Zukunft als eine gleichwertige Partnerin behandelt werden. Deshalb bitte ich dich, Streitpunkte ruhig, langsam und klar zu äußern.«

Körpersprache: Jetzt kehrt Ines in die aufrechte Haltung zurück. Ihre Hände liegen seitlich an den Hosennähten, was eine kontrollierte, selbstbewusste Wirkung hervorruft.

Tonfall: Ines spricht leise und nicht zu schnell, damit sie ihre Zielvorstellungen so sachlich wie möglich vortragen kann. Die Stimme schwingt im unteren Bereich.

Die Anklagetaktik:
»Sie machen alles falsch!«

Susanne, 43, leitet eine Eventagentur, die sich auf Motto-partys spezialisiert hat. Vom mediterranen Brunch bis zur Halloweenparty kann man so ziemlich alles bei ihr buchen. Das Team besteht aus zwölf Mitarbeitern, die vom ersten Ideenbrainstorming über die Planung bis zur Durchführung der Veranstaltungen alle Phasen gestalten. Wer hier arbeitet, hat einen interessanten Job, keine Frage. Allerdings muss man echte Nehmerqualitäten beweisen, wenn es kurz vor dem jeweiligen Event hektisch wird.

Obwohl jeder hoch motiviert ist und auch mal zwölf Stunden durcharbeitet, kommt es immer wieder zu kritischen Momenten. Susanne beteuert zwar gern, sie sei eine überzeugte Teamworkerin und lege Wert auf flache Hierarchien. In Stresssituationen wird sie jedoch zur gnadenlosen Anklägerin. Vor Kurzem war mal wieder Melanie dran, eine langjährige, erfahrene Mitarbeiterin, die fürs Catering zuständig ist. Eine Stunde vor Beginn der Veranstaltung inspizierte die Chefin das Buffet. Und schon flippte sie aus.

»Falsch! Sie machen alles falsch!«, fuhr sie Melanie an. Nichts fand Gnade vor ihren Augen. Dabei war jedes Detail abgesprochen. »Die Servietten haben nicht den richtigen Farbton! Die Blumendeko ist geschmacklos! Die Hintergrundmusik ist viel zu laut!« Melanie wurde blass. »Aber …« »Nichts aber!«, fuhr Susanne dazwischen, die die junge Frau ohne jede Hemmung vor den anderen Mitarbeitern bloßstellte. »Mein Gott, wenn man nicht alles selber macht! Sie produzieren wirklich nur Fehler!«

Am nächsten Tag ging es in der Agentur weiter, wieder vor Publikum. Und das, obwohl die Veranstaltung ein voller

Erfolg gewesen war. Wie eine Staatsanwältin schleuderte Susanne ihrer Mitarbeiterin eine Anklage nach der anderen an den Kopf. Einfach entwürdigend. Kein Wunder, dass sich Melanie am Tag darauf krankmeldete. Erst nach zwei Wochen kehrte sie zurück und überreichte ihrer völlig verdutzten Chefin das Kündigungsschreiben. »Ihnen kann man nichts recht machen«, begründete sie ihren Weggang. »Außerdem haben Sie mich vor den anderen gedemütigt.« Susanne stritt das vehement ab. Doch es war zu spät. Melanie hatte einen Therapeuten konsultiert, der ihr bescheinigte, dass die wiederkehrenden Attacken am Arbeitsplatz in eine Depression geführt hatten.

Das Verfolgerspiel »Anklage« nennt man auch »Gerichtssaal«, weil es die Bloßstellung vor Publikum zum Prinzip macht. Dabei schwingt sich der Verfolger auf ein Richterpodest und behauptet, zweifelsfrei über Richtig und Falsch urteilen zu können. Jede Abweichung von der eigenen Meinung wird als Fehler oder gar Vergehen gebrandmarkt. Spielräume existieren nicht. Selbst dort, wo von Mitarbeitern Eigeninitiative und Kreativität gefordert sind, pocht der Verfolger auf angeblich unverrückbare Regeln – die er willkürlich festlegt.

Das Besondere ist: Der Ankläger unterscheidet nicht zwischen Dingen, für die jemand faktisch zuständig ist, und solchen, die derjenige gar nicht zu verantworten hat. Es geht auch gar nicht um die Sache. Sondern vielmehr darum, jemandem die gesamte Verantwortung und damit auch die gesamte Schuld für vermeintliche Fehler zuzuschieben – und zwar vor anderen. Das erhöht den Rang des Verfolgers. Sobald er sich als oberster Richter aufspielt, kann er seinen Narzissmus ungebremst ausleben.

Oft stellt der Ankläger die Warum-Frage, also zum Beispiel: »Warum haben Sie die falschen Servietten ausgesucht?« Auf diese Suggestivfrage könnte das Opfer letztlich nur antworten: »Weil ich blöd bin und keine Ahnung habe.« Genau diese Ausweglosigkeit macht das Anklagespiel so grausam. Der unterlegene Gesprächspartner sitzt von vornherein auf der Armesünderbank. Erklärungen sind nicht erwünscht, Argumente schon gar nicht, Kompromisse sind ausgeschlossen.

Spielgewinne für den Verfolger:
- Der Verfolger stilisiert sich zum obersten Richter.
- Der Verfolger befriedigt seine narzisstische Eitelkeit durch seinen Sieg vor Publikum.
- Der Verfolger kann willkürliche Regeln aufstellen.

Spielverluste für das Opfer:
- Das Opfer verliert sein Gesicht, weil es in Gegenwart anderer abgekanzelt wird.
- Das Opfer unterliegt der Suggestion der Richtig/Falsch-Klassifizierung.
- Das Opfer kann sein Handeln nicht rechtfertigen.

Fragen, die Sie sich stellen sollten, falls Ihnen solche Situationen bekannt vorkommen:
- Fühlen Sie sich häufig von jemandem bloßgestellt?
- Werden Sie in die Rolle des »armen Sünders« gedrängt, der eine öffentliche Bestrafung verdient hat?
- Spüren Sie die Skepsis oder sogar die Verachtung anderer, die Zeuge Ihrer Demütigung sind?
- Ist Scham ein Dauerzustand geworden?
- Sind Sie verunsichert, weil Sie sich nicht mehr zutrauen, das »Richtige« zu tun?
- Sinkt Ihre Motivation, weil Sie Angst haben, neue »Fehler« zu machen?

Spielausstieg – klares Feedback

Gleich mehrere Entwertungen sind hier manifest. Sie beginnen mit dem beleidigenden Ton, setzen sich fort in dem Urteil, das Opfer mache »alles« falsch, und steigern sich durch die öffentliche Anklage. Demütigungen vor Publikum machen den Spielausstieg besonders dringlich. Melanie hat den Schlussstrich gezogen und gekündigt. Die Alternative wäre ein klares Feedback gewesen, in dem sie deutlich Grenzen zieht.

PHASE 1: Beschreibung der Sachlage

Skript: »Mir ist aufgefallen, dass Sie sagen, ich mache alles falsch. Häufig schieben Sie mir die Verantwortung für Dinge zu, bei denen ich gar nicht federführend bin – erstens beim Projekt Schmidt, zweitens beim Projekt Huber, drittens beim Projekt Maier.«

Körpersprache: Melanie hatte sich angewöhnt, zu Boden zu blicken, wenn sie beschuldigt und beschämt wurde. Jetzt sieht sie ihrer Chefin direkt in die Augen. Sie drückt die Brust etwas heraus und richtet sich zu ihrer vollen Größe auf.

Tonfall: Melanie kontrolliert ihre Stimme durch regelmäßiges Atmen, damit sie nicht zittert. Das Tempo ist normal, die Stimmlage bewegt sich im unteren Bereich.

PHASE 2: Beschreibung der Gefühle

Skript: »Ich bin erschrocken, wie aggressiv Sie mich behandeln.«

Körpersprache: Ohne ihre aufrechte Haltung aufzugeben,

bewegt sich Melanie: Sie kreuzt die Arme vor der Brust. So spürt sie ihre Angst und ihre Verletzung, schützt sich jedoch gleichzeitig.

Tonfall: Melanie wechselt in einen leiseren Ton, ohne ins Jammern zu verfallen. Ihre Stimmlage ist daher bewusst tief gewählt. Den Schlüsselbegriff »erschrocken« spricht sie lauter aus.

PHASE 3: Beschreibung der Zielvorstellung

Skript: »Ich möchte, dass Sie damit sofort aufhören. Außerdem möchte ich, dass Anweisungsgespräche unter vier Augen geführt werden.«

Körpersprache: Melanies Arme liegen jetzt seitlich am Körper. Damit signalisiert sie Unabhängigkeit und Selbstbewusstsein.

Tonfall: Der neutrale Tonfall, in dem Melanie spricht, verweist auf die professionelle Ebene. Ihre Zielvorstellungen klingen dadurch weniger nach persönlichen Wünschen, sondern vielmehr wie Grundrechte und Grundregeln des Arbeitslebens.

Die Kritikertaktik: »Hier funktioniert ja gar nichts!«

Der Verwaltungsangestellte Toni, Ende zwanzig, ist im Grunde ganz zufrieden mit seinem Job. Okay, aufregend ist das Ganze nicht, aber er mag seine Arbeit. Dummerweise teilt er sein Büro seit zwei Wochen mit einem Kollegen, der ihm gewaltig auf den Senkel geht. So sehr, dass Toni morgens mittlerweile mit Magenschmerzen ins Büro fährt. Er muss sich regelrecht überwinden, die Tür zu öffnen und sich an seinen Platz zu setzen. Warum? Weil ihm der neue Kollege Walter, der aus einer anderen Zweigstelle hierher versetzt wurde, zwei Jahrzehnte Berufserfahrung voraus hat und alles, aber auch wirklich *alles* besser weiß.

Gleich am ersten Tag ließ sich Walter Tonis Ablagesystem zeigen. Er hob pikiert eine Augenbraue. »Und damit kommen Sie klar? Total unstrukturiert. Da muss man sich Sorgen um die korrekte Erledigung der Aufgaben machen. « Es folgten stundenlange Vorträge über Tabellenführung, Wiedervorlage-Rhythmen, Feedback-Kontrolle. Alles gut und schön, dachte Toni, aber was will der Typ eigentlich? Ich hab doch immer alles im Griff gehabt. Wozu die Aufregung?

Walter regte sich noch über mehr auf. Über die Anordnung der Schreibtische, die er sofort änderte, über die Sekretärin, die alles verschussele. Seiner Meinung nach steht die Abteilung kurz vor dem Abgrund, deshalb äußert er permanent seine Besorgnis. Anfangs versuchte es Toni kooperativ. Er schlug vor, Walter könne doch mit seinen Verbesserungsvorschlägen zum Abteilungsleiter gehen. »Zu dem?« Walter verdrehte die Augen. »Total unfähig, der Mann.« Nein, hier sei Hopfen und Malz verloren, gottlob sei er ja jetzt da, um wenigstens die gröbsten Fehler zu verhindern.

Auch in der Kantine stichelt Walter herum. Ohne Pause redet er Kollegen und Strukturen mies, macht dunkle Andeutungen, wie besorgniserregend der Zustand der Firma sei. Toni ist so ziemlich am Ende. Das Dauerfeuer aus Kritik und Besserwisserei zermürbt ihn. Mittlerweile sagt er nichts mehr dazu, zieht nur den Kopf ein und verschanzt sich hinter seinem Monitor. Sein Arzt hat ihm Beruhigungstabletten verschrieben, wegen der Magenschmerzen – alles psychosomatisch, so die Diagnose. Jetzt will sich Toni in eine andere Abteilung versetzen lassen, obwohl es für ihn einen Karriererückschritt bedeutet. Er hat kapituliert.

Auf den ersten Blick ist das Verfolgerspiel »Hier funktioniert ja gar nichts« schwer zu erkennen. Geschickt legt es der Verfolger darauf an, seine Mobbingaktionen als Besorgnis zu tarnen. Seine Begabung ist es, den Teufel an die Wand zu malen, deshalb erscheint seine Kritik nicht nur als Besserwisserei, sondern als dringend notwendige Intervention. Zugleich geht er als Kritiker auf Distanz zu seinen Mitmenschen. Er maßt sich eine übergeordnete Position an, die er aufgrund seiner vermeintlich überragenden Kenntnisse beanspruchen darf – angeblich zum Wohle des Teams.

In Wirklichkeit sprengt er Teams. Er sät Unfrieden, schürt Ängste, weckt Misstrauen. Keine Leistung ist ihm gut genug. Kein Erfolg hat vor seinem kritischen Blick Bestand. Er ist der klassische Intrigant, der alles schlechtredet und damit das Klima vergiftet. Mit seiner besserwisserischen Art kann er Arbeitskollegen in die Verzweiflung treiben. In einer Beziehung kann er jedes Vertrauen in das Gelingen des Miteinanders untergraben.

Oft hat dieser Verfolgertypus unter überkritischen Eltern gelitten, die ihm kein Lob gönnten. Selbst bei Erfolgen bekam er nur zu hören: »Na ja, das war ganz gut, aber es geht noch viel, viel besser.« Diese anerzogene Unzufriedenheit projiziert er nun auf andere und erkämpft sich damit nur zu oft den Ruf, ein echter Durchblicker zu sein, den man zu respektieren hat. Deshalb ist es auch so schwierig, ihn als Verfolger zu entlarven, der andere beherrschen und manipulieren will.

Spielgewinne für den Verfolger:

- Der Verfolger verschafft sich durch seine Dauerkritik Ansehen und Respekt.
- Der Verfolger positioniert sich als geheime Instanz für die anderen.
- Der Verfolger profitiert vom schlechten Klima, das er selbst erzeugt, da er wie ein potenzieller Retter wirkt.
- Der Verfolger muss seine Kompetenz nie beweisen, da er intrigiert, statt mit leitenden Mitarbeitern konkrete Veränderungen herbeizuführen.

Spielverluste für das Opfer:

- Das Opfer erlebt durch die andauernde Kritik ein destruktives Klima.
- Das Opfer lenkt seine Aufmerksamkeit nur noch auf echte oder angebliche Defizite, bei sich selbst und anderen.
- Das Opfer beginnt, über mögliche Kritikpunkte nachzugrübeln.
- Das Opfer verliert sukzessive an Motivation und Selbstvertrauen.

Fragen, die Sie sich stellen sollten, falls Ihnen solche Situationen bekannt vorkommen:

- Wer macht Ihnen als ewiger Nörgler und Besserwisser das Leben schwer?
- Halten Sie die Kritikpunkte dieses Menschen für relevant?
- Sind sie objektiv gesehen wirklich berechtigt?
- Nehmen Sie sich das eine oder andere zu Herzen?
- Wie verändert sich Ihr Verhalten in Gegenwart des Kritikers?
- Wären Sie in der Lage, ihn freundlich auf Distanz zu halten?

Spielausstieg – klares Feedback

Das Dramaspiel ist eröffnet, sobald jemand eine generelle Abwertung vornimmt. »Hier funktioniert ja gar nichts« ist ein Satz, der keinerlei positive Sichtweisen zulässt. Es wird nicht mehr zwischen Gelungenem und Misslungenem differenziert – »alles« ist schlecht. Toni hat kampflos den Rückzug angetreten, besser wäre es gewesen, Walter ein klares Feedback zu geben.

PHASE 1: Beschreibung der Sachlage

Skript: »Mir ist aufgefallen, dass Sie behaupten, hier sei niemand fähig, eine adäquate Arbeitsleistung zu erbringen. Sie kritisieren die Kollegen, die Chefs und die Strukturen. Aus Ihrer Perspektive steht diese Verwaltungsbehörde permanent kurz vor dem Zusammenbruch.«

Körpersprache: Toni stellt sich aufrecht hin. Sein Körper strahlt Ruhe und Gelassenheit, aber auch Stärke aus.

Tonfall: Da Toni eine hohe Stimmlage hat, die leicht nach dem Opfertypus klingt, bemüht er sich, jetzt mehr aus der Brust heraus zu sprechen. Seine Tonlage ist neutral, er spricht langsam und leise.

PHASE 2: Beschreibung der Gefühle

Skript: »Ich bin sehr irritiert und verwundert.«

Körpersprache: Toni geht bei der Erwähnung seiner Emotionen in die Bewegung. Während er gerade stehen bleibt, führen seine Hände rollende Gesten auf der Höhe des Brustkorbs aus. So kann er seine Gefühle am besten spüren und eigenen Gestaltungswillen signalisieren.

Tonfall: Tonis Stimme liegt jetzt etwas höher, doch er kontrolliert sie dahingehend, dass sie sich nicht überschlägt. Sein Tonfall wirkt engagiert, nicht klagend.

PHASE 3: Beschreibung der Zielvorstellung

Skript: »Ich bitte Sie, in Zukunft auf alle Bemerkungen zu verzichten, die abwertend sind. Ich erwarte von Ihnen, dass Sie sich als loyales Teammitglied verhalten und dass Sie zu einem konstruktiven Arbeitsklima beitragen.«

Körpersprache: Tonis aufrechte Haltung zeigt, dass er aus dem Opferspiel aussteigt. Auch körperlich lässt er sich nicht »niedermachen«. Stattdessen betont er durch seine selbstbewusste Haltung, dass er sich der Generalkritik des Kollegen nicht beugt.

Tonfall: Der neutrale Tonfall unterstützt Tonis Ausstieg. Seine Zielvorstellungen wirken dadurch überzeugend, wie eine belastbare Prognose. Er spricht langsam und sehr artikuliert, seine Stimme färbt er so dunkel wie möglich.

Die Arroganztaktik: »Das ist absolut lächerlich!«

Maria mag Elternabende nicht sonderlich. Wer geht da schon gern hin? Da sie sich aber nun mal für die schulischen Belange ihres siebenjährigen Sohns interessiert, marschiert sie tapfer los. Und bereut es regelmäßig. Die fünfunddreißigjährige alleinerziehende Mutter erlebt nämlich schauerliche Debatten. Von einer Diskurskultur kann keine Rede sein. Vielmehr verzetteln sich die Eltern in absurden Diskussionen. Mal sollen Handys verboten werden, mal Milchschnitten. Dann wieder scheitert die Klassenfahrt am Streit um vegetarisches Essen.

Besonders missfällt Maria eine andere Mutter: Beate, die etwa in ihrem Alter ist, reißt das Gespräch stets an sich. Sie will unbedingt den Ton angeben. Da sie eloquent ist, gelingt ihr das auch. Taucht ein Einwand auf, bügelt sie ihn ab: »Das ist absolut lächerlich.« So, wie es rüberkommt, klingt es eher nach: »Wer so etwas sagt, *ist* vollkommen lächerlich.« Sogar den Klassenlehrer lässt Beate mit ihrer arroganten Art abblitzen. Sobald er das Wort ergreift, verdreht sie entnervt die Augen oder lächelt überheblich.

Maria weiß nicht, wie sie mit dieser Mutter umgehen soll. Schließlich ist Maria eine gestandene Frau, und sie findet es absolut daneben, dass auch sie schon von Beate wie eine Erstklässlerin behandelt wurde. Beim nächsten Elternabend, als es um einen von den Vätern organisierten Grillausflug geht, bietet sie Beate die Stirn. »Entschuldigung, ich finde, auch Mütter sollten dabei sein, weil Männer …« Sofort wird Maria grob unterbrochen. »Ist ja zum Schreien. Was verstehen Sie denn von Männern?« Beate verzieht höhnisch den Mund. »Ist doch lachhaft, dass eine unbemannte Alleinerziehende ausgerechnet bei einer Väteraktion mitreden will.« Einige Eltern feixen, jemand kichert hinter vorgehaltener Hand. Maria errötet vor Scham. Dass sie ausgelacht wird, bringt sie vollkommen aus der Fassung. Was für eine Niederlage. Unfähig, sich zu wehren, läuft sie aus dem Klassenzimmer. Nie wieder wird sie zu einem Elternabend erscheinen.

Im Katalog der Verfolgerspiele ist das Lächerlichmachen der Griff in die unterste Schublade. Hier treten Verfolger auf, die keine Hemmungen haben, ihr Opfer herabzuwürdigen. Das Schlimme an dieser Taktik ist: Die Verfolger spekulieren darauf, durch einen Witz auf Kosten des Opfers Schadenfreude und spontane Zustimmung zu erzeugen. Wer die Lacher auf seiner Seite hat, muss sich keine Sorgen um potenzielle Mitstreiter machen. Humor – wenn man denn überhaupt von Humor sprechen kann – ist hier eine scharfe Waffe. Denn die Angst, ausgelacht zu werden, steckt in uns allen.

Oft sind es machtbewusste, geltungssüchtige Menschen, die die Schwachstellen unliebsamer Konkurrenten ausnutzen. In diesem Falle wurde die Alleinerziehende zur Mutter zweiter Klasse abqualifiziert. Prinzipiell ist dem Verfolger aber jede Abweichung von Normen und Konventionen willkommen. Er scheut sich nicht, selbst körperliche Makel zur Zielscheibe seines Spotts zu machen. Auch Beate hat das schon getan. »Wer im Stehen seine Füße nicht mehr sieht, sollte sich beim Thema Ernährung besser zurückhalten«, hat sie mal einen auffallend korpulenten Vater bei der Diskussion um gesunde Schulbrote abgefertigt.

Solche »witzig« verpackten Angriffe drängen das Opfer ins Abseits. Durch das Lachen bildet sich eine spontane Front. Oft kommen geheime Vorurteile ins Spiel, die zwar nicht gesellschaftlich akzeptiert sind, aber dennoch existieren. So etwa das Vorurteil, Alleinerziehende hätten grundsätzlich Probleme mit Männern, oder Übergewichtige seien keine adäquaten Gesprächspartner für Ernährungsfragen. Niemand würde das allen Ernstes öffentlich aussprechen, doch unter dem Vorwand des Humors scheint es okay zu sein – und irgendjemand lacht garantiert mit.

Spielgewinne für den Verfolger:
- Der Verfolger räumt Konkurrenten aus dem Weg, mildert dies aber scheinbar durch Humor ab.

- Der Verfolger kann auf spontane Mitlacher und damit auf Sympathisanten hoffen.
- Der Verfolger muss sich nicht auf der Sachebene mit dem Opfer auseinandersetzen.

Spielverluste für das Opfer:
- Das Opfer empfindet tiefe Scham.
- Das Opfer kann nicht reagieren, weil die Schadenfreude der anderen es isoliert.
- Das Opfer fühlt sich deklassiert und zieht sich zurück.

Fragen, die Sie sich stellen sollten, falls Ihnen solche Situationen bekannt vorkommen:
- Gibt es jemanden, der Sie systematisch lächerlich macht?
- Welche Ihrer echten oder angeblichen Schwächen werden dabei thematisiert?
- Hat dieser Jemand einen wunden Punkt getroffen, den Sie selbst als Schwäche empfinden?
- Wurden Sie schon als Kind ausgelacht?
- Haben Sie diese Situationen aus Scham verdrängt?
- Könnten Sie sich eine Klärung mit dem Verfolger ohne Publikum vorstellen?

Spielausstieg – klares Feedback

Werden Normabweichungen unter dem Deckmantel des Humors aufs Korn genommen, so ist das besonders verletzend. Vorurteile werden in generelle abwertende Urteile verwandelt. Das klärende Gespräch sollte unbedingt unter vier Augen stattfinden, um eine Wiederholung der »Arena-Situation« zu vermeiden.

PHASE 1: Beschreibung der Sachlage

Skript: »Mir ist aufgefallen, dass Sie mir immer ins Wort fallen und Sätze sagen wie: ›Ist doch lachhaft, dass eine unbemannte Alleinerziehende ausgerechnet bei einer Väter-aktion mitreden will.‹«

Körpersprache: Maria steht auf, bevor sie zu sprechen beginnt, und stellt sich gerade hin. Damit zeigt sie, dass ihr Selbstbewusstsein von Beate nicht untergraben wurde. Sie hält Blickkontakt mit der Angreiferin, um zu signalisieren, dass sie sich nicht einschüchtern lässt.

Tonfall: Maria reagiert stimmlich nicht auf das emotionale Dramaangebot, sie spricht in neutralem Ton objektive Fest-stellungen aus. Ihre Stimmlage ist so tief und voll wie mög-lich.

PHASE 2: Beschreibung der Gefühle

Skript: »Das verletzt mich.«

Körpersprache: Maria hat ihre Fingerspitzen vor dem Brustbereich aneinandergelegt, aus dieser Position heraus führt sie die Hände im Rhythmus des Gesprochenen auf und ab. So spürt sie ihre Emotionen und kann sie auch kör-perlich ausdrücken.

Tonfall: Die Stimmlage ist etwas höher und wirkt inten-siver als zu Beginn. Maria achtet allerdings darauf, dass sie weder anklagend noch leidend klingt. Es bleibt bei einem eher langsamen, kontrollierten Sprechtempo, da sie ihre Gefühle nur artikulieren will, statt von ihnen überwältigt zu werden.

PHASE 3: Beschreibung der Zielvorstellung

Skript: »Ich will, dass Sie sofort damit aufhören. Ich erwarte von Ihnen eine Entschuldigung. Außerdem erwarte ich, dass Sie künftig respektvoll mit mir reden. Ich möchte mich hier einbringen können. Deshalb wünsche ich mir eine offene, vertrauensvolle Gesprächskultur.«

Körpersprache: Maria unterstreicht die Bedeutsamkeit ihrer Zielvorstellungen mit kleinen Gesten ihrer rechten Hand. Die Handfläche zeigt nach oben.

Tonfall: Marias Stimme wirkt sachlich. Sie spricht langsam, um zu zeigen, dass ihr Standpunkt Beachtung verdient und Zeit beanspruchen darf.

Vorsicht, Dramarollen!

Die große Gefahr bei Verfolgerspielen lauert darin, dass Sie durch den unerträglichen Druck vom Opfer zum Verfolger werden. Verwerflich? Nein, menschlich. Wenn Sie in die Enge getrieben werden, spüren Sie logischerweise den Wunsch, irgendwann zurückzuschlagen. Souveränität gewinnen Sie damit allerdings nicht. Vielmehr hat es der Verfolger dann geschafft, Sie zu manipulieren. Sie sind nicht bei sich, Sie sind nicht Sie selbst – sondern ein fremdgesteuerter Mitspieler im Drama.

Der Rollenwechsel kündigt sich durch typische Alarmzeichen an. Gehen Sie die folgenden Fragen durch und kreuzen Sie an, was auf Sie zutrifft:

- Sind Sie oft verärgert über andere?
- Haben Sie in letzter Zeit häufig Wutausbrüche?
- Spüren Sie den Impuls, andere zu drangsalieren?

- Macht es Ihnen Freude, andere zu belehren?
- Gehen Ihnen andere Menschen schnell auf die Nerven?
- Werden Sie schon mal lauter, wenn Sie Ihre Meinung äußern?
- Haben Sie das Gefühl, Sie müssten andere führen und dominieren, weil sie so schwach sind?
- Erkennen Sie häufig Fehler der anderen und sprechen sie darauf an?
- Möchten Sie manchmal am liebsten den ganzen Laden zusammenbrüllen?
- Schimpfen Sie innerlich oft auf andere?
- Finden Sie, Ihre Kollegen müssten besser kontrolliert werden?
- Denken Sie, dass es bei der Arbeit und im Privatleben besser laufen würde, wenn Sie alles selbst machen würden?

Wenn Sie mehr als drei Kreuze gemacht haben, sollten Sie darüber nachdenken, welche Verfolger es in Ihrem Leben gibt, die Sie derart provozieren, dass Sie selber Verfolgersymptome zeigen. Wer wertet Sie ab? Wie tut er das? Wie verändern sich Ihre Gefühle und Ihr Verhalten?

Erste Lösungsperspektiven

Die Auflösung von Verfolgerspielen erscheint fast aussichtslos – so festgefahren sind die Machtverhältnisse, so emotional aufgeladen ist die gesamte Kommunikation. Und in der Tat erscheint es den meisten Leuten als unwahrscheinlich, irgendetwas am alltäglichen Drama ändern zu können. Wie denn auch? Verfolger üben eine beachtliche Macht aus. Man will es sich nicht mit ihnen verderben, aus Angst, noch mehr einstecken zu müssen.

Solange man den eigenen Hang zum Drama nicht wahrnimmt, wird man immer wieder vom Dramapartner in Psychospiele hineingezogen. Sobald Sie sich auf Verfolgerspiele einlassen, verhalten Sie sich vermutlich als Opfer, irgendwann drehen Sie den Spieß vielleicht um und werden selbst zum Verfolger. Da hilft nur der Ausstieg aus dem Dramaspiel. Das Ziel ist eine neutrale Haltung und die Bewahrung der eigenen Identität.

Skripte im Dialog verändern

Wir zeigen Ihnen jetzt zwei Versionen einer typischen Verfolgersituation. Das Problem: Ein Angestellter hat eine wichtige Arbeit nicht erledigt, sehr zum Missfallen des deutlich älteren Chefs. Die erste Variante: Der Chef tobt, der Angestellte verteidigt sich, beide werden ausfallend, der Konflikt eskaliert. In der zweiten Variante gelingt ein ruhiger, respektvoller Austausch ohne emotionale Altlasten.

Variante 1

Chef *(Verfolger, spricht mit schneller, erregter Stimme):*

»Ich wollte die aktuellen Umsatzzahlen! Aber Sie haben diese Sache schon wieder nicht erledigt! Nie schaffen Sie Ihr Pensum! Ich weiß nicht, wie ich mit Ihnen weitermachen soll! Sie sind immer der Langsamste von allen!«

Angestellter *(Opfer, spricht mit leidender Stimme):*

»Aber ich hatte doch so viel zu tun. Ich konnte es gar nicht schaffen.«

Chef:

»Jetzt jammern Sie mir nicht die Ohren voll! Sie kosten viel Geld und bringen nichts zustande. Das nervt!«

Angestellter:

»Es ist einfach zu viel Arbeit im Moment, die anderen haben auch nicht alles geschafft.«

Chef:

»Was haben die anderen damit zu tun? Konzentrieren Sie sich gefälligst auf Ihre Aufgaben! Als ich so alt war wie Sie, habe ich mir für diese Firma jeden Tag den Arsch aufgerissen, sonst wäre nie was daraus geworden!«

Angestellter (*wechselt in den Verfolgermodus*):

»Ach, hören Sie doch auf mit diesen blöden alten Geschichten, wie toll früher alles war. Sie kochen auch nur mit Wasser.«

Chef (*wechselt ins Opfer*):

»Mein Gott, kann mal irgendwer anerkennen, was ich für diese Firma getan habe? Sie haben ja keine Ahnung, welche Opfer ich dafür bringen musste.«

Angestellter (*höhnisch, weiterhin Verfolger*):

»Mir kommen gleich die Tränen.«

Chef (*wieder im Verfolgermodus*):

»Jetzt reicht es aber. Noch ein Wort, und Sie bekommen Ihre Kündigung!«

Angestellter (*weiterhin im Verfolgermodus*):

»Mir doch egal, dann gehe ich eben! Sie sind sowieso ein unterirdischer Chef. Einen wie Sie sollte man feuern, nicht mich.«

Das ist Drama pur. Eigentlich möchte der Chef nur eine Aufstellung von Umsatzzahlen. Dass sie nicht da sind, ärgert ihn verständlicherweise. Doch statt nach einer Lösung zu suchen, hagelt es Vorwürfe im klassischen Verfolgerstil.

Der Angestellte hingegen begibt sich sofort in die Opferrolle, statt eine Lösung anzubieten. »Ich konnte es nicht schaffen« signalisiert Schwäche, aber auch Verweigerung. Eine Front entsteht, eine Lösung rückt in weite Ferne. Es geht nicht mehr um die Sache, sondern um das Verfolger-Opfer-Spiel. Entsprechend bezeichnet der Chef die Opfer-Argumentation als »Jammern«. Und genauso folgerichtig stellt der Chef die Kompetenz, ja, den gesamten Job des Angestellten infrage.

Am Ende wechselt das Opfer in die Verfolgerrolle: Es schlägt zurück. Jetzt ist der Bruch unausweichlich, weil die gegenseitige Akzeptanz aufgekündigt wird. Schauen wir uns also an, wie bei der gleichen Ausgangssituation eine dramafreie Auseinandersetzung aussehen kann.

Variante 2

Chef (*mit neutraler ›Tagesschau‹-Stimme*):

»Lieber Herr Meier, ich hatte Sie am Freitag um 10 Uhr gebeten, die Umsatzzahlen des Kunden Berger zu überprüfen. Unsere gemeinsame Vereinbarung bestand darin, dass Sie diese Aufgabe bis heute Morgen um 11 Uhr erledigen. Ist das richtig?«

Angestellter (*ebenfalls mit neutraler Stimme*):

»Ja, stimmt.«

Chef:

»Ich brauche diese Zahlen, weil ich um 15 Uhr mit Herrn Berger ein Meeting habe, bei dem die aktuellen Umsätze die Grundlage für Expansionspläne sind. Doch die Zahlen sind nicht da. Ich fühle mich gestresst und bin verärgert.«

Angestellter:

»Das kann ich nachvollziehen, und es tut mir leid. Mir war nicht bewusst, dass ich Sie in eine so dumme Situation bringe.«

Chef:

»Ich erwarte, dass Sie sich sofort hinsetzen, die Zahlen aufbereiten und mir in einer Stunde zukommen lassen, damit ich mich adäquat vorbereiten kann.«

Angestellter:

»Okay, ich erledige das sofort.«

Dieser Dialog läuft ganz anders als der erste. Die Aussagen sind klar und unmissverständlich. Hart in der Sache, aber weder abwertend noch beleidigend. Warum? Von Anfang an holt der Chef seinen Angestellten mit ins Boot. Er erinnert ihn an eine gemeinsame Absprache, degradiert ihn also nicht zum subalternen Befehlsempfänger, sondern begegnet ihm auf Augenhöhe. Er nimmt ihn als gleichwertigen Partner wahr.

Zugleich ist der Chef emotional authentisch, denn er sagt offen, dass die fehlenden Zahlen ihn stressen und ärgern. Solche Äußerungen zeugen von einem guten Selbstmanagement. Statt den Ärger in einen Angriff zu verwandeln, bleibt er sich selbst treu. Er kommuniziert die Folgen, die sich aus den fehlenden Unterlagen ergeben. Diese Transparenz ist die Basis dafür, dass eine sachbezogene Lösung gefunden wird. Gefühle müssen also nicht unterdrückt werden. Man muss nur lernen, sie adäquat und ohne Angriffe zu artikulieren.

Der Angestellte wiederum versteckt sich nicht hinter opfertypischen Ausflüchten. Er spürt ja: Trotz seines Fehlverhaltens steht seine Zugehörigkeit zum Team außer Frage. Er ist eingebunden, begreift, dass er durch sein Versäumnis ein Meeting gefährdet. Da der Chef nicht als Verfolger auftritt, muss sich der Angestellte auch nicht als Opfer aufführen. Er kann seinen Fehler zugeben und das abschließende Lösungsangebot des Chefs annehmen. Ohne Gesichtsverlust, wohlgemerkt, denn die neuerliche Vereinbarung ist einvernehmlich und erfolgt ohne Diffamierungen.

Ihr zukünftiges dramafreies Ich

Das Ich stärken

Die vorhergehenden Kapitel haben Ihnen gezeigt, wie Psychospiele funktionieren und wie die Exitstrategien aussehen. Im Folgenden haben wir noch einmal aufgelistet, welche Verhaltensweisen Zeichen für eine Verstrickung in Dramaspiele sind. Sollten Sie eine oder mehrere dieser Reaktionen bei sich beobachten, ist es höchste Zeit, diese zu ändern. Fragen Sie sich also, ob Sie:

- *negative Emotionen unkontrolliert ausleben* – Wer Trauer, Wut oder andere heftige Gefühle ungefiltert hervorbrechen lässt, verhält sich unreif und zerstört Beziehungen.
- *ständig Kritik äußern* – Wer sich dauernd beschwert, bleibt im Modus der Negativität stecken und kann keine konstruktiven Verbesserungsvorschläge einbringen.
- *anderen Vorwürfe machen* – Wer immer nur andere für nicht Gelingendes zur Verantwortung zieht, kann nicht selbstverantwortlich handeln.
- *in anderen Schuldgefühle erzeugen* – Wer anderen ein schlechtes Gewissen einredet, agiert zwanghaft statt kooperativ.
- *anklagende Rhetorik gebrauchen* – Wer andere perma-

213

nent abwertet, manipuliert sie, statt sie als gleichwertige Gesprächspartner zu respektieren.

- *Ärger runterschlucken* – Wer nicht sagt, was ihn stört, staut negative Gefühle an, die sich in unfairen Attacken entladen.
- *wirklich »richtig« zuhören* – Wer sich nicht darum bemüht, das Gesagte auch zu verstehen, wird keinen Zugang zu seinem Gesprächspartner finden.
- *Unqualifizierte Feedbackgespräche führen* – Wer aufrichtige Rückmeldungen zum Verhalten anderer vermeidet, wer unklare oder unreflektiert emotionale Rückmeldungen gibt, vergrößert das Drama, statt es aufzulösen.
- *realistische Zielvorstellungen hegen* – Wer übertriebene Erwartungen hat, wird enttäuscht und inszeniert immer neue Dramen.
- *psychologisches Wissen ignorieren* – Wer sich nicht für die psychischen Mechanismen von Kommunikation interessiert, kann sie weder durchschauen noch positiv nutzen.
- *falschen Motivationssprüchen anhängen* – Wer an Sätze glaubt wie: »Wenn du nur willst, dann kannst du das alles erreichen«, wird zum rücksichtslosen Dramaspieler.
- *der Parole des »positiven Denkens« folgen* – Wer sich alles nur schönredet, kann nicht an die Wurzel von Problemen gelangen.

Dramafreie Kommunikation basiert auf bewussten Haltungen – zu sich selbst, zu anderen, zum Leben. Machen Sie sich klar, dass dazu ein neues Reflexionsniveau und die Bereitschaft zu permanenter Weiterentwicklung gehören. Im Einzelnen geht es um Folgendes:

- Denken Sie differenziert. Beurteilen Sie Menschen und Situationen nicht nach einem simplen Schema, sondern beziehen Sie möglichst viele Aspekte ein.
- Lernen Sie, generell alles zu hinterfragen – Menschen, Teamsituationen, gesellschaftliche Themen. Wenn Sie gewohnt sind, die Dinge auf einer Metaebene zu betrachten, können Sie auch Dramen besser erkennen.
- Akzeptieren Sie Widersprüche. Sobald Sie die Paradoxie des Lebens verstehen, haben Sie keine falschen Harmonieerwartungen mehr.
- Überprüfen Sie Ihre Antriebe und Motive. Welche Ziele verfolgen Sie und aus welchem Grund?
- Entwickeln Sie ein inneres Wertesystem. Überlegen Sie, welche Werte Ihrer würdig sind und leben Sie diese Werte.
- Lernen Sie, kritikfähig zu sein. Üben Sie sich in einer ebenso offenen wie selbstbewussten Haltung, die Ihnen einen sinnvollen Umgang mit Kritik ermöglicht.
- Kommunizieren Sie immer höflich und respektvoll. Nur in Ausnahmefällen kann ein – überlegter und durchdachter – Wutausbruch im Sinne des »heiligen Zorns« nötig werden.
- Machen Sie klare Ansagen. Mit dezidierten, zweifelsfreien Aussagen vermeiden Sie Missverständnisse, aus denen Dramen resultieren können.
- Wandeln Sie Ihren Ärger in »reife« Kritikgespräche um. Trainieren Sie Ihre Fähigkeit, Emotionen im Rahmen eines qualifizierten Feedbacks zu formulieren.
- Führen Sie klare, ergebnisorientierte Feedbackgespräche. Unterscheiden Sie dabei immer die Phasen von Sachlichkeit (Phase 1 bei den Fallbeispielen), Emotionalität (Phase 2) und Zielvereinbarung (Phase 3).

- Setzen Sie klare Grenzen. Lassen Sie sich nicht alles gefallen und weisen Sie Ihr Gegenüber auf eventuelle Grenzüberschreitungen hin.

Mit diesen Wegweisern wird es Ihnen nicht schwerfallen, sich aus neurotischen Interaktionsmustern zu lösen und eine innere Autorität zu gewinnen, die Sie unempfänglich für Psychospiele macht. Begleitend empfehlen wir Ihnen, einige Grundsätze zu beachten, die dem Buddhismus entlehnt sind. Dabei geht es um die Stärkung Ihrer persönlichen Identität. Wer seinen Wesenskern erkennt und in sich ruht, den kann kein Drama-Provokateur mehr aus der Bahn werfen.

Der Buddha in uns ist das dramafreie Ich. Es ist achtsam, liebevoll, respektvoll. Es schaut mit Empathie auf die Welt, bleibt aber gelassen auf Distanz.

Im Folgenden fassen wir die wesentlichen Punkte zusammen und präzisieren sie vor dem Hintergrund der buddhistischen Haltung – als Zugang zu einem erfolgreichen Selbstmanagement:

- **Bleiben Sie ein ganz normaler Mensch – werden Sie kein bemühter Gutmensch.**

Niemand verlangt heiliges Getue von Ihnen. Schließlich ist eine Voraussetzung dramafreier Kommunikation, dass Sie authentisch bleiben. Allerdings unterscheiden Sie sich von Dramaspielern dadurch, dass Sie Ihr Verhalten reflektieren und Ihre Beziehungen bewusst gestalten. Sie zeigen Ihre individuelle Kernpersönlichkeit. Buddhistisch gesprochen, leben Sie das Ethos der Achtsamkeit.

- **Sorgen Sie gut für sich und Ihre Bedürfnisse – statt sie zu unterdrücken.**

Bisher haben Sie möglicherweise im Drama nach emotionaler Intensität gesucht und den hohen Erregungspegel als lustvoll empfunden. Machen Sie stattdessen starke positive Erfahrungen. Leben Sie intensive Abenteuer, die Sie an Ihre Grenzen führen, unternehmen Sie beispielsweise einmal eine Trekkingtour, machen Sie einen Jiu-Jitsu-Kurs oder besuchen Sie Meditationskurse in einer thailändischen Tempelstadt. Diese bewusste Suche nach positiven Erlebnissen macht sie immun für die Aufgeregtheiten der Psychospiele und beschert Ihnen inneren Abstand, eine der Schlüsselhaltungen des Buddhismus. Worauf es ankommt, ist, dass Sie Intensität erfahren, positive Momente von Glück und Freude, die Sie in all ihrer Fülle wahrnehmen.

- **Transformieren Sie negative, regressive, kindheitsorientierte Gefühle – statt sie ungefiltert auf andere loszulassen.**

Wer schlechte Erfahrungen unverarbeitet lässt, gefährdet seine gegenwärtigen Beziehungen mit negativen Reaktionsmustern. Analysieren Sie, welche Gefühle Sie in bestimmten Stresssituationen überwältigen und anfällig für Psychospiele machen. Fragen Sie sich: Hat das, was ich empfinde, wirklich mit demjenigen zu tun, dem ich gegenüberstehe? Oder projiziere ich meine zurückliegenden leidvollen Erfahrungen auf ihn? Im zweiten Fall wären Sie nach der Lehre des Buddhismus in Ihrem Karma gefangen und würden die immer gleichen Fehler wiederholen.

- **Schließen Sie mit Ihrer Vergangenheit ab – lassen Sie nicht zu, dass vergangenes Leid Sie und andere weiter verletzt.**

Die aktive Erinnerung an belastende Erlebnisse ist die Voraussetzung für eine dramafreie Kommunikation. Versuchen Sie, sich über die Gründe wiederkehrender negativer Emotionen klarzuwerden. Woher rühren Ihre Wut, Ihre Angst, Ihre Unsicherheit? Warum tragen Sie eine Neigung zu grundloser Trauer oder übertriebener Eifersucht in sich? Versöhnen Sie sich mit alten Verletzungen. Buddhistisch gesprochen: Hadern Sie nicht mit Ihrem Schicksal, sondern machen Sie sich bewusst, dass es nie zu spät ist, mit der Vergangenheit abzuschließen.

- **Artikulieren Sie Ihre Gefühle kurz, prägnant und klar – ohne andere damit vor den Kopf zu stoßen.**

Zum aktiven Selbstmanagement gehört es, authentische Emotionen angemessen zu artikulieren. Üben Sie sich darin, Ihre Gefühle sprachlich differenziert auszudrücken, vermeiden Sie dabei theatralische Auftritte und die Abwertung des Gegenübers. Im Buddhismus sind diese beiden Haltungen – die emotionale Selbstkontrolle und die Bestandsaufnahme ohne Urteil – wichtige Elemente der gelassenen Lebensführung und des harmonischen, aufrichtigen Umgangs miteinander.

- **Seien Sie respektvoll – werten Sie andere nicht ab.**

Zeigen Sie Ihrem Gegenüber Ihre Wertschätzung, indem Sie offen und aufrichtig kommunizieren. Sie sollen also keineswegs oscarverdächtige schauspielerische Leistungen vollbringen, sondern ganz Sie selbst sein, allerdings darauf achten, dass Sie den nötigen Respekt vor anderen behalten. Jeder Kommunikationspartner, auch schwierige Dramaspieler, verdienen es, ernst genommen zu werden. Wiederum begegnet uns hier ein buddhistischer Gedanke: Ihr »innerer Buddha« erkennt den »inneren Buddha« des Gegenübers an.

Ein positives Zielbild verankern

Um das, was Sie in diesem Buch erfahren haben, konkret umsetzen zu können, ist nicht nur Ihr Verstand gefragt, sondern auch Ihr Unterbewusstsein. Neurowissenschaftler gehen davon aus, dass lediglich ein geringer Anteil unseres Verhaltens vom Bewusstsein beeinflusst wird und es sonst überwiegend unbewusst abläuft. Somit stellt sich die Frage: Womit beschäftigt sich eigentlich unser Unterbewusstsein und wie steuert es das Verhalten?

Ohne dass wir es bemerken, kreisen viele unserer Gedanken um die Vermeidung von etwas. Das führt in paradoxe Situationen. Wenn Sie zum Beispiel denken: Ich will jetzt keine Schokolade essen, beschäftigen Sie sich intensiv mit Schokolade. Wenn Sie denken: Ich will nicht mehr rauchen, dann ist Ihr Unbewusstes besonders intensiv mit dem Thema Rauchen beschäftigt. Denn auf die Wörter »nicht« oder »keine« folgt eine Information – Schokolade, Rauchen –, die im Unterbewusstsein sofort eine Repräsentation in Form von Gefühlen, Bildern und Klängen erzeugt. Diese Repräsentation bewirkt eine chemische Reaktion in Ihrem Körper. Je nachdem, welche Hormone Ihre endokrinen Drüsen ausschütten, fühlen Sie sich entweder angenehm leicht, weit und entspannt oder aber eher schwer, eng und angespannt.

Neben dem rein kognitiven Prozess der Informationsverarbeitung läuft also parallel ein zweiter Prozess ab – durch Ihre Vorstellungskraft machen Sie eine Erfahrung, visuell, auditiv, körperlich. Erfahrungen dieser Art leiten Lernprozesse ein, die sich im Unterbewusstsein verankern.

Auf dem Weg zu einem dramafreien Ich ist es daher nötig, eine positive Vision des zukünftigen Selbst vor Augen zu haben. Ihr Unterbewusstsein braucht einen Hinweis, in welche Richtung Sie sich entwickeln möchten.

Fragen Sie sich zunächst: Wer werde ich in fünf, zehn oder zwanzig Jahren sein, wenn ich mich weiterhin so verhalte wie jetzt, wenn ich nichts ändere? Wenn ich weiterhin das Drama lebe – was für eine Person werde ich dann in der Zukunft sein?

Cornelia beschreibt es so: »Auch ich habe lange Dramaspiele inszeniert, ohne es zu bemerken. Geholfen hat mir die Vorstellung meines unveränderten Ichs, denn sie war geradezu abschreckend. Ich sah eine alte Frau, die mit einer Gehhilfe auf den grauen Linoleumböden eines Altenheims herumschlurfte, einsam, griesgrämig und bitter, verloren in Opferspielen. Diese Vorstellung war so schmerzhaft, dass sie ein starker Motivator für mich wurde. Wo wollte ich mich stattdessen hinbewegen? Mit der Bereitschaft, tagtäglich innerlich zu wachsen und mich weiterzuentwickeln, entstand schließlich eine Vision meines zukünftigen Selbst – strahlend, leuchtend, anmutig, gelassen.«

Wenn Sie jetzt, in diesem Moment, Ihr eigenes zukünftiges dramafreies Selbst vor Ihrem inneren Auge sehen, woran erkennen Sie den Wandel zum Guten? Sind da mehr Leichtigkeit, Freude und Lachen, ist da mehr Raum für Wärme und Bindung, sind da mehr Klarheit und Stärke? Sie bestimmen und erkennen es: an der geraden Haltung und am Gesichtsausdruck, an der Mimik, an der Aufrichtigkeit, mit der sich die inneren Entwicklungssprünge körperlich sichtbar ausdrücken.

Je intensiver Sie das Bild Ihres zukünftigen dramafreien Selbst entwickeln, desto plastischer wird es werden, bis es greifbar nahe ist.

Entscheiden Sie sich stets aufs Neue für dieses zukünftige Ich und visualisieren Sie es jeden Tag. Damit stimmen Sie Ihr Unterbewusstsein auf neue Gedanken und Verhaltensweisen ein, die sich dann im täglichen Leben wie von selbst zeigen – weil Sie Ihr Unterbewusstsein auf die richtige Richtung eingestellt haben. Schreiben Sie zum Beispiel einen Satz auf, der Ihren Rollenausstieg unterstützt. Etwa: »Ich entscheide mich für mein eigenes, verantwortungsvolles, zukünftiges Ich.« Wiederholen Sie diesen Satz mehrmals täglich, besonders vor und in belastenden Situationen.

Nehmen Sie sich jeden Tag etwas vor, das Sie Ihrem zukünftigen Ich näherbringt und Ihre Entscheidung, eine dramafreie Person zu sein, nährt. Das kann ein Spaziergang sein, eine Meditation, das Hören einer bestimmten Musik. Betrachten Sie solche Übungen als ein tägliches Ritual, das Ihrer Persönlichkeitsentwicklung dient.

Die tägliche Seelennavigation

Genauso, wie Sie Ihr zukünftiges Ich vor Augen haben sollten, brauchen Sie auch ein tagtägliches Zielbild. Wer möchten Sie gerne am Ende des Tages sein? Wie möchten Sie sich fühlen, was möchten Sie ausstrahlen? Zielbilder werden oft materiell missverstanden – was will ich haben oder erreicht haben? Im persönlichen Wachstum hingegen kommt es darauf an, welche Werte Sie leben wollen, beispielsweise Erfolg, Freude, Lebendigkeit und Kreativität.

Eine sehr typische belastende Alltagssituation entsteht beispielsweise, wenn Sie berufliche Auseinandersetzungen mental mit nach

Indem Sie Ihre Werte täglich definieren und leben, erreichen Sie, was Sie gerne erreichen möchten.

Hause nehmen. Dann sind Sie körperlich zwar anwesend, streiten aber innerlich immer noch mit dem Chef. Statt sich zu freuen, Ihren Partner und die Kinder zu sehen, bleiben Sie in der negativen Schleife schlechter Gefühle hängen. Eine Alternative wäre es, sich bereits auf dem Heimweg ein Zielbild vorzustellen: Wie möchte ich mich am Ende des Abends fühlen? Heiter, entspannt, liebevoll? Dieses Zielbild unterstützt Sie dabei, das Gewünschte zu erreichen.

Corinna, eine Teilnehmerin unserer Coachings, schilderte uns, wie sie Zielbilder für ihren Job entwickelt. Einmal hatte sie einen schwierigen Arbeitstag mit vielen herausfordernden Mitarbeitergesprächen vor sich. Daraufhin visualisierte sie ihr zukünftiges Selbst am Abend, das tagsüber oft den Wert innerer Klarheit gelebt hatte. Dieses zukünftige Selbst, so beschrieb sie es, war hell, leuchtend und wirkte sehr zufrieden, für sie sichtbar an den weichen Gesichtszügen. Corinna lachte, als sie erzählte: »Natürlich habe ich tagsüber nicht mehr an dieses Zielbild gedacht. Ich spürte jedoch in all den Gesprächen mit meinen Mitarbeitern immer wieder eine besondere Klarheit und erlaubte mir Pausen zum Durchatmen. Es war, als ob mein inneres Navi, repräsentiert als Bild, Stimme und Gefühl meines zukünftigen Ichs am Abend, mich in die richtige Richtung lenkte.«

Das tägliche Zielbild funktioniert wie das Navigationsgerät im Auto: Es führt uns zu den erwünschten inneren Zielen.

Der Vorteil liegt darin, dass das Unterbewusstsein positiv aufgeladen ist. Gerade in den stürmischen Momenten des Alltags kann es uns einen Strich durch die Rechnung machen, weil es die Entscheidungen des Verstandes unterläuft und störend interveniert. Daraufhin reagieren wir eventuell zu emotional oder sogar mit Dramaspielen. Ganz anders verläuft der Tag, wenn der Seelennavigator Zielbild aktiv ist. Dann steuert das Unterbewusstsein die

Handlungen und Verhaltensweisen getreu den eigenen Werten in die gewünschte dramafreie Richtung.

Vergegenwärtigen Sie sich immer wieder die Werte, die Ihnen wichtig sind und die Sie künftig ausstrahlen möchten, beispielsweise Zielorientiertheit, Gelassenheit, Freundlichkeit. So wie wir den physischen Körper pflegen, wenn wir morgens duschen und die Zähne putzen, verlangt auch unser Geist danach, auf den Tag eingestimmt zu werden. Falls Sie nähere Anleitungen möchten, können Sie gern die Meditation auf unserer Website www.schwarzschwarz.com anhören.

Wertschätzung kultivieren

Der wichtigste Schlüssel, um eine dramafreie Persönlichkeit zu werden, besteht darin, sich der Wärme, der Liebe, des Respekts, des Wohlwollens, der Freundlichkeit, des Mitgefühls all der Menschen, die einem tagtäglich begegnen, bewusst zu werden.

Doch genau das ist das Problem. Wissen Sie, wie lange es dauert, bis eine positive Entwicklung in Ihren Nervenzellen gespeichert wird? Für eine schlechte Erfahrung braucht Ihr Gehirn nur Bruchteile von Sekunden, für eine positive dagegen volle zehn Sekunden. Oder, wie eine schwangere Coachingteilnehmerin nach einem Geburtsvorbereitungskurs einmal lächelnd sagte: drei Atemzüge. Und das auch nur, wenn Sie selbst diese Erfahrung aktiv verankern.

Woran denken Sie, wenn Sie abends die Haustür aufschließen, nach einem guten Tag, an dem nur eine einzige negative Sache passiert ist? Richtig, Sie denken kontinuierlich über die negative Situation nach, weil diese sofort gespeichert wurde – nicht jedoch die angenehmen Erfahrungen. Sie hätten sich nämlich bei jedem positiven Erlebnis zehn Sekunden Zeit nehmen müssen, um es sich zu vergegenwärtigen und bewusst im Nervensystem zu speichern.

In Ihrer Selbstwahrnehmung erscheinen Sie als Opfer widriger Umstände, obwohl das objektiv womöglich gar nicht der Fall ist – was Ihre Anfälligkeit fürs Drama verstärkt oder Rückfälle ins Drama auslöst. Eine dramafreie Person zu werden, erfordert deshalb, tagtäglich angenehme Situationen bewusst wahrzunehmen, und seien sie noch so klein: das Lächeln eines Fremden auf der Straße, eine nette Geste der Kassiererin im Supermarkt, das Kompliment einer Kollegin. Wir neigen dazu, solche Glücksmomente entweder zu ignorieren oder als unwichtige Kleinigkeiten abzutun. So verpassen wir die schönen Augenblicke und laden uns negativ auf.

Machen Sie es anders: Nehmen Sie diese Geschenke bewusst wahr, bedanken Sie sich, und »atmen« Sie die positive Erfahrung tief ein, um sie zu verankern. Werden Sie zum Sammler von Glücksmomenten, statt in Opferhaltungen zu fallen. Wenn Ihre Kinder strahlend nach Hause kommen und über ihre Erlebnisse berichten, dann genießen Sie diesen Moment der Freude zehn Sekunden lang – statt Ihre Kinder auf der Stelle zu ermahnen, die Schuhe auszuziehen und die Hände zu waschen. Auf diese Weise speichern Sie Glücksressourcen, die Sie unempfindlich für Psychospiele machen.

Den Körper achtsam behandeln

Wie bereits erwähnt, existiert gemäß der buddhistischen Lehre keine Grenze zwischen Körper und Geist. Vielmehr wird der Körper als Erscheinungsform des Geistes betrachtet, weil Buddhisten nicht zwischen materieller und geistiger Ebene trennen – sie meinen, beide Sphären seien durch das Bewusstsein miteinander verbunden. Entsprechend sind sie überzeugt, dass eine permanente Wechselwirkung zwischen Geist und Körper abläuft: Geistige Prozesse formen den Körper, körperliche Befindlichkeiten beeinflussen den Geist.

Erst wenn Sie auch Ihren Körper befreien, kann sich Ihr reines, dramafreies Ich entwickeln. Im zweiten Kapitel haben wir Ihnen bereits einige Hinweise dazu gegeben, hier möchten wir den Ansatz weiter vertiefen.

Für die Reinigung des Geistes spielt Achtsamkeit gegenüber dem Körper eine große Rolle.

In unserer westlichen Kultur ist das ein ungewohnter Gedanke. Wir sehen den Körper eher als Optimierungsprojekt, kasteien uns im Namen modischer Schönheitsideale mit Diäten oder strampeln uns im Fitnessstudio ab. Letztlich kämpfen wir damit gegen unseren Körper, statt ihm etwas Gutes zu tun.

Wirklich beachtet wird der Körper selten – einer der Gründe, warum die körperlichen Symptome der Psychospiele fast nie bewusst wahrgenommen werden. Erst mit der entsprechenden Anleitung registrieren die meisten Menschen, wie sie sich durch Dramaspiele körperlich verkrampfen, wie sich ihre Stimme verändert, wie ihnen der Schweiß ausbricht.

Welches Energiefeld Sie aufbauen,

Zum aktiven Selbstmanagement gehört eine veränderte Körperwahrnehmung.

hängt wesentlich von Ihrem Körpergefühl ab. Wenn Sie Leichtigkeit spüren, strahlen Sie auch Leichtigkeit aus, können entspannt agieren, humorvoll sein. Oder sind Sie oft verspannt? Bewegen Sie sich eckig? Fühlen Sie sich oft unwohl in Ihrer Haut? Haben Sie chronische Rückenschmerzen? Dann sind Sie sehr wahrscheinlich auch mental blockiert und haben Hemmungen im Umgang mit anderen.

Wie intensiv die Wechselwirkung von Geist und Körper ist, können Sie anhand einer einfachen Übung ausprobieren. Wenn Sie beispielsweise sehr nervös sind oder sich über etwas aufgeregt haben, versuchen Sie Folgendes: Legen Sie Ihren rechten Handrücken in die linke Handfläche. Bringen Sie Ihre Daumen zusammen, sodass sich die Fingerkuppen berühren. Atmen Sie zwanzig Mal ruhig ein und aus. Danach werden Sie sofort eine tiefe Entspannung wahrnehmen. Falls Sie anschließend ein klärendes Gespräch führen, können Sie sicher sein, dass Sie sich bestimmt, entspannt und überlegt verhalten.

Körperliches Wohlbefinden ist die Basis für souveräne, dramafreie Kommunikation.

Für den Ausstieg aus Psychospielen ist es sehr wichtig, was Sie sinnlich wahrnehmbar ausstrahlen. Gespräche werden nur zu einem geringen Teil vom Inhalt des Gesagten gesteuert, wesentlich stärker beeinflussen körperliche Signale die Kommunikation: zu etwa vierzig Prozent die Stimmlage, zu etwa fünfzig Prozent die Körpersprache. Die Fallbeispiele haben gezeigt, welche Bedeutung es hat, aufrecht zu stehen und mit klarer, ruhiger Stimme zu sprechen. Zur Erinnerung: Ein gekrümmter Rücken, ein hängender Kopf und eine kraftlose Haltung unterstreichen Opferrollen. Geballte Fäuste und ein drohend vorgereckter Kopf lassen auf die Verfolgerrolle schließen. Ein schräggelegter Kopf und ein übertrieben vorgebeugter Oberkörper gehören zur Retterrolle.

Sitzen und stehen Sie gerade. Richten Sie Ihre Augen leicht nach oben, damit Sie Ihren inneren Film deutlich vor sich sehen. Achten Sie immer auf ein gerades Rückgrat in schwierigen Gesprächen.

Schulen Sie Ihr Körpergefühl. Lassen Sie sich berühren, etwa durch Massagen. Berühren Sie andere, indem Sie mehr Körperkontakt zulassen, zum Beispiel durch Umarmungen. Bewegen Sie sich. Finden Sie heraus, was Ihnen Freude macht, sei es wandern, Tischtennis spielen oder tanzen. Auch Ihre Mimik wird sich verändern, wenn Sie regelmäßige Berührung und Bewegung in Ihren Tagesablauf integrieren. Sie runzeln seltener die Stirn, Ihre Mundwinkel hängen nicht mehr herab. Ihr Körper ist jetzt Ihr Zuhause, in dem Sie sich wohlfühlen, und das merkt man Ihnen an, wenn Sie kommunizieren.

So wie sich die innere Haltung durch ein verbessertes Körperbewusstsein verändert, beeinflussen meditative Praktiken auch das Körpergefühl. **Lernen Sie Ihren Körper kennen. Formen Sie ihn durch Meditation.** Diese Wechselwirkung ist eines der Geheimnisse des Buddhismus und der Grund für die sprichwörtliche Gelassenheit seiner Anhänger. Sie praktizieren meditative Rituale, die Bewusstseinsarbeit und Körperarbeit miteinander verknüpfen. Auf diese Weise reinigen sie Geist und Seele von negativen Gefühlen, damit das Ich entspannt und leuchtend ist, damit der Geist weit und frei wird.

Jahrelang haben wir nach den effektivsten Übungen gesucht, die den Körper in zwanzig Minuten positiv aufladen. In China gibt es etwa dreihundert bekannte Qi-Gong-Schulen. Ein Tao-Meister hat sie alle besucht und einen

Übungsablauf zusammengestellt, der für mentale und emotionale Klarheit sowie für körperliche Fitness sorgt. In buddhistischen Retreats in Chiang-Mai, Nordthailand, haben wir sie durchgeführt und als Clip aufgenommen (siehe unsere Website).

Viele Buddhisten rezitieren täglich bis zu hundert Mal das »Dharma Prada«-Mantra: »Möge ich in meinem Herzen wohnen, möge ich sicher und geborgen sein, möge ich Heilung und Frieden finden, möge ich glücklich sein.« Danach verbeugen sie sich jedes Mal. Wer würde schon mit seinem Lebenspartner streiten, wenn er sich bewusst ist, dass er in dessen Herzen wohnen möchte – statt im Vorwurf, im Ärger, im Hass?

Vorbilder für inneres Wachstum finden

Nicht von ungefähr wird die Lehre des Buddhismus von spirituellen Meistern vermittelt. Man kann sich natürlich auch durch Lektüre einiges aneignen, doch die Inspiration durch ein Vorbild können Bücher nicht ersetzen. Wir alle haben die große Chance, voneinander zu lernen, indem wir positive Verhaltensweisen, Denkstrategien, Einstellungen und Überzeugungen von anderen übernehmen, sofern sie unseren Werten und unserem zukünftigen Selbst entsprechen. Wir brauchen ein gelebtes Beispiel für positive Haltungen, damit wir sie verinnerlichen können. Durch unseren Hang zum sozialen Lernen laufen wir sonst Gefahr, uns unbewusst an falschen Vorbildern zu orientieren.

Cornelia schildert es folgendermaßen: »Meine Mutter

war spezialisiert auf das Drama. Mit dem Ergebnis, dass auch ich sehr oft eine Dramaqueen sein konnte, zum Leidwesen früherer Freunde. Das änderte sich erst, als ich mithilfe von Lehrern und Coaches lernte, mich gezielt aus dem Drama herauszubewegen. Der große Schub ereignete sich, als ich Leute kennenlernte, die mir dramafreie Kommunikation vorlebten: in der Art, wie sie sprachen, wie sie sich verhielten, in ihrer Einstellung zu sich und dem Leben. Sie wurden meine Vorbilder.«

Bei einem Coaching antwortete einmal eine Führungskraft auf die Frage nach Vorbildern: »Ich kenne keine. Niemand – außer vielleicht Jesus – ist so perfekt.« Das ist ein typisches Missverständnis. So kann jemand zum Beispiel ein wunderbares Vorbild sein in seiner Art, Konflikte zu lösen, jedoch überhaupt nicht, wie er mit seiner Gesundheit umgeht.

Wenn Sie Ihr Umfeld auf positive Vorbilder hin überprüfen, bedenken Sie, dass die Menschen nicht perfekt sein müssen.

An dieser Stelle zeigen wir Ihnen eine relativ einfache Methode, wie Sie Positives übernehmen können. Stellen Sie sich Ihr Vorbild innerlich vor und daneben Ihr eigenes Ich. Schauen Sie auf Ihr Vorbild: Woran erkennen Sie das, was Sie sich gerne aneignen möchten? Vielleicht an der Ausstrahlung, vielleicht am Klang der Stimme oder an der Haltung? Was immer Sie wahrnehmen, stellen Sie sich nun vor, am besten unterstützt durch eine Geste Ihrer Hand, wie Sie diese Qualität von Ihrem Vorbild zum eigenen Ich hinüberschieben. Übertragen Sie beispielsweise zunächst die aufrechte Haltung, dann im zweiten Durchgang den angenehmen Klang der Stimme und in einem dritten die freundliche, gelassene Ausstrahlung.

Wenn Sie all dies visualisieren und bewusst spüren, wird das Vorbild allmählich blasser und Ihr eigenes vorgestelltes

Ich kräftiger und heller. Um die Übertragungen zu verankern, steigen Sie in Ihr vorgestelltes Ich hinein, das nun symbolisch alle positiven Eigenschaften des Vorbilds besitzt, und werden Sie eins mit dem neuen Ich. Dieser Übertragungsprozess unterstützt Sie dabei, mehr und mehr dramafrei zu leben.

Auch ein guter Coach kann zu einem Vorbild werden. Überlegen Sie deshalb bei massiven Problemen, ob Sie sich Hilfe durch ein persönliches Coaching holen sollten. Im Vieraugengespräch lassen sich grundlegende Fragen und Konflikte besser bearbeiten als allein oder in der Gruppe. Ein Coach kann zu Ihrem geistigen Sparringspartner werden, der Ihr Selbstbild mit dem Blick von außen betrachtet und heilsame Transformationsprozesse einleitet. Sie sollten ein Coaching in Erwägung ziehen,

- wenn Sie immer wieder plötzliche heftige Gefühle spüren, die dem Bereich Wut, Ärger und Hass zuzuordnen sind;
- wenn plötzlich starke Gefühle von Trauer und Schmerz aufkommen, die Ihren Körper in Aufruhr versetzen oder ihn derart blockieren, dass Sie sich wie zubetoniert fühlen;
- wenn immer wieder Dramaanteile Ihrer Persönlichkeit durchbrechen, also Opfer-, Retter- oder Verfolgeranteile, Anerkennungssucht oder Größenwahn;
- wenn Sie von negativen Überzeugungen gesteuert werden – »mir passiert immer etwas Schlechtes« –, die Sie im Lauf Ihres Lebens von Eltern oder Vorbildern übernommen haben.

Arbeiten Sie daran mit einem Coach und begleiten Sie diese Maßnahme durch Meditation.

Innere Autorität entwickeln und ein sinnorientiertes Leben führen

Innere Autorität ist die Übereinstimmung von Überzeugungen und Handlungen, basierend auf persönlichen Werten. Allerdings ist unsere Wahrnehmung zumeist nach außen gelenkt. Wir stellen uns Fragen wie: Was halten die anderen von mir? Bin ich beliebt oder nicht? Werde ich akzeptiert? Mit diesen Fragestellungen tauchen wir letztlich permanent ins Kollektiv ein und denken über Anpassungsstrategien nach, statt uns selbst zu betrachten. Letztlich heißt das, dass wir uns am Außen ausrichten, statt eine eigene Orientierung zu finden.

Demgegenüber können wir etwas völlig anderes tun: unsere innere Autorität entwickeln und kultivieren. Es geht darum, begründete Standpunkte und Haltungen auszuprägen, die uns als Leitfaden des Handelns und der Kommunikation dienen. Anschließend können wir diese Haltungen durchaus zur Diskussion stellen und möglicherweise revidieren. Das ist jedoch etwas ganz anderes, als unreflektiert mit dem Strom zu schwimmen, aus Angst, nicht akzeptiert zu werden.

Ohne persönliche Werte besteht die Gefahr für Rückfälle ins Drama durch innerliches Leerlaufen. In früheren Zeiten war es die Religion, die Lebenssinn und Gelassenheit vermittelte. Heute behaupten immer mehr Menschen, an gar nichts zu glauben, und halten das für geistige Unabhängigkeit. Doch niemand kann völlig auf Sinnstiftung verzichten, und so liefern sich viele den Versprechungen der Konsumgesellschaft aus oder lassen sich auf mediale Ablenkungen ein. Manche schöpfen auch Kraft aus der Identifikation mit einem Schauspielstar oder Sportler.

Diese Arten der Zuflucht können jedoch sehr schnell in sich zusammenbrechen. Sie werden immer ein Surrogat bleiben, ein schlechter Trost, der in neuerliche Leere führt. Um ein sinnorientiertes Leben zu führen, bedarf es einer inneren geistigen Ethik, und nach unserer Erfahrung eignen sich dafür vor allem die spirituellen Traditionen des Buddhismus und Taoismus. Warum? Diese beiden geistigen Systeme sind eher philosophisch und wissenschaftlich orientiert, so wie unser westliches Denken. Einen guten oder bösen Gott gibt es nicht, entscheidend ist der eigene innere Prozess, der zu einem sinnerfüllten Leben führt.

Zum Ende dieses Buches möchten wir Sie daher noch mit einem weiteren Element der buddhistischen Philosophie bekannt machen, nämlich mit den Sechs Vollkommenheiten, auch Paramitas oder transzendente Tugenden genannt. Das Wort Paramita stammt aus dem Sanskrit und bedeutet »zu einem anderen Ufer übersetzen«. In diesem Bild enthalten ist die Vorstellung, dass die Sechs Vollkommenheiten den Geist transformieren. Mit ihnen überwindet man gemäß der buddhistischen Lehre negative Eigenschaften wie Selbstsucht, Gier, Eitelkeit und falsche Glaubenssätze. Das hat einen doppelten Effekt: Zum einen führen die praktizierten Paramitas zur Erleuchtung, zum anderen dienen sie dem Wohlergehen aller.

Auch wenn Sie sich nicht näher mit Buddhismus beschäftigen möchten, lohnt es sich im Sinne Ihrer persönlichen Entwicklung, über die folgenden Punkte nachzudenken. Versuchen Sie, in den nächsten Wochen täglich zumindest eine der Grundhaltungen umzusetzen.

Erste Ebene: Großzügigkeit

Großzügige Wohltätigkeit für Menschen, die materielle Hilfe brauchen, ist als selbstlose Tugend definiert – ohne

Erwartung von Dankbarkeit, ohne den Wunsch nach Bestätigung. Dabei unterscheiden Buddhisten sehr genau, wer wahrhaft bedürftig ist und wer nicht. Einer unserer spirituellen Lehrer, Chögyam Trungpa, warnte seine westlichen Schüler sehr eindringlich: Gebt niemandem etwas, der Opfer spielt. Deutlich nannte er dies »Idiotenbarmherzigkeit«. Es kommt also darauf an, Menschen zu unterstützen, die unverschuldet in Not geraten sind und den festen Willen zeigen, sich daraus zu befreien. Neben Sachspenden sind die vermutlich besten Hilfsprojekte deshalb Bildungsprojekte.

Zweite Ebene: Ethische Disziplin

Gemeint ist hier vor allem die Selbstdisziplin, destruktive Gedanken, Worte und Handlungen zu vermeiden und nur das zu denken, auszusprechen und zu tun, was anderen zugutekommt. Dabei geht es nicht nur um die Vermeidung von Delikten wie Stehlen und Töten. Auch die Verbreitung von Klatsch und übler Nachrede gehört dazu, überhaupt alles, was andere verletzt und ihnen schadet. Diese ethische Integrität dient dem Wohl anderer, befreit aber auch den eigenen Geist, der sich frei von Schuld und Reue entfalten kann.

Dritte Ebene: Geduld

Wichtig ist diese Tugend ganz besonders für alle, die Verantwortung für andere tragen: Eltern, Lehrer, Ausbilder, Führungskräfte. Geduldig etwas erklären, nicht aus der Haut fahren, wenn jemand langsam oder begriffsstutzig ist, auch bei Fehlschlägen nachsichtig und gelassen bleiben – all das umfasst die dritte Leitlinie. Es erfordert eine hohe Frustrationstoleranz, um nicht ärgerlich zu werden, wenn etwas anders als erwünscht läuft. Das betrifft auch das eigene Schicksal. Wenn jemand leidet oder eine schwierige Situation durchmacht, sollte er in Ruhe nach positiven Lösungen suchen, statt wütend zu werden oder mit seinem Schicksal zu hadern.

Vierte Ebene: Freudige Ausdauer

Diese Tugend kultiviert die Haltung, Freude an etwas zu haben, das positiv und konstruktiv für einen selbst und für andere ist. Dazu gehören Energie und das Durchhaltevermögen, sich von widrigen Umständen nicht entmutigen zu lassen. Mit freudiger Ausdauer hält man beharrlich an konstruktiven Zielen und Verhaltensweisen fest – ganz gleich, wie lange etwas dauert oder wie schwierig es erscheinen mag. Besonders bei Menschen, die Dramen erleben, eröffnet sich hier ein Weg für die persönliche Entwicklung. Auch wenn man sich von innerlich ungeklärten Themen überwältigt fühlt, bleibt allein der Gedanke maßgeblich, dass man dem Wohle aller dienen sollte. Das Gegenbild ist die Faulheit – Dinge aufschieben, die Zeit mit Belanglosem vergeuden, sich einreden, man könne etwas nicht erreichen.

Fünfte Ebene: Konzentration

Auf dieser Ebene geht es um geistige Fokussierung, die am besten durch Meditation erlangt wird. Geistige Stabilität kann man kultivieren, indem man sich immer wieder seiner inneren Werte bewusst wird und sie im Handeln umsetzt. Dazu gehört, störende Emotionen zu erkennen und ihnen nicht auf den Leim zu gehen. Man sollte beispielsweise seine Wut im Zaum halten und seine Begierden kontrollieren, damit man sich nicht durch unmäßiges Essen, Trinken oder durch Drogen selbst schadet. Auch klare Feedbacks in Konfliktsituationen beruhen auf geistiger Konzentration und verhindern, dass man andere verletzt. Wer in herausfordernden Situationen neutral bleibt, wird für andere zum Vorbild für innere Ruhe und Gelassenheit.

Sechste Ebene: Weisheit

Die Grundhaltung der Weisheit erlaubt uns, vorurteilsfrei und im Bewusstsein einer tiefen Verbundenheit mit allen Lebewesen zu handeln. Weder das Ego noch verblendende Ideologien trennen den von Weisheit Erleuchteten von seinen Mitmenschen. Er kann andere trösten, die Angst haben oder seelisches Leiden erlebt haben, ohne sich in fremdes Leid verstricken zu lassen.

Die 12 Punkte der Weisheit

1. Sich selbst zu reflektieren
2. Unterscheidungsvermögen zu entwickeln
3. Menschen »richtig« einzuschätzen
4. Klare Feedbackgespräche zu führen
5. Hilfreiche psychologische Modelle (Dramadreieck etc.) zu kennen
6. Seinen Geist mit Meditation aufzuladen
7. Sich den Sechs Vollkommenheiten anzunähern
8. Den eigenen Körper als Ausdrucksmittel zu betrachten
9. Seinen Körper durch Bewegung und Meditation zu stärken
10. Sich zurückzuziehen, in sich selbst zu ruhen, einen Retreat zu besuchen
11. Die Spiele, die man selbst spielt oder mit anderen spielt, zu überwinden
12. Einen qualifizierten Lehrer für Psychologie und Spiritualität zu finden
    … all das bedeutet Weisheit.

Unserer Einschätzung nach bietet die Verbindung von buddhistischen Prinzipien und psychologischem Wissen die beste Voraussetzung, destruktive Spiele von sich fernzuhalten oder sie zu neutralisieren. Wie das Schritt für Schritt umsetzbar ist, haben wir an vielen Beispielen verdeutlicht. Nun sind Sie dran. Wir hoffen, dass die Strategien aus diesem Buch Ihnen mehr innere Sicherheit bringen und Sie dadurch ein leichteres und beschwingteres Leben haben. Mögen Sie sich dadurch glücklicher fühlen.

Das wünschen Ihnen Cornelia und Stephan Schwarz

Hilfe zur Selbsthilfe

Martin Betschart
Ich weiß, wie du tickst
Wie man Menschen durchschaut
ISBN 978-3-423-**34739**-6

Gian Domenico Borasio
Über das Sterben
Was wir wissen. Was wir tun
können. Wie wir uns darauf
einstellen.
ISBN 978-3-423-**34807**-2

Diana Dreeßen
**Steh auf und nimm dein
Leben in die Hand**
Kurskorrkturen für Anfänger
und Fortgeschrittene
ISBN 978-3-423-**26094**-7
**Mach dich unbeliebt und
glücklich und nimm dir vom
Leben, was du willst**
ISBN 978-3-423-**34883**-6

Oggi Enderlein
Große Kinder
Die aufregenden Jahre
zwischen 7 und 13
ISBN 978-3-423-**36220**-7

Caroline Eliacheff
**Das Kind, das eine Katze
sein wollte**
Psychoanalytische Arbeit mit
Säuglingen und Kleinkindern
Übers. v. S. Farin
ISBN 978-3-423-**35135**-5

Christoph Emmelmann
Das kleine Lachyoga-Buch
Mit Lach-Übungen zu Glück
und Entspannung
ISBN 978-3-423-**34429**-6

Der kleine Krisenhelfer
Mit Übungen für mehr
Gleichgewicht im Leben
ISBN 978-3-423-**34798**-3

Viktor E. Frankl
Ärztliche Seelsorge
Grundlagen der Logotherapie
und Existenzanalyse
ISBN 978-3-423-**34427**-2

Sue Hadfield, Gill Hasson
Freundlich, aber bestimmt
Wie Sie sich beruflich und
privat durchsetzen
Übers. v. B. Schäfer
ISBN 978-3-423-**34758**-7

Dan Harris
**Wie ich die entscheidenden
10% glücklicher wurde**
Meditation für Skeptiker
Übers. v. E. Liebl
ISBN 978-3-423-**26095**-4

Marie-France Hirigoyen
Die Masken der Niedertracht
Seelische Gewalt im Alltag
und wie man sich dagegen
wehren kann
Übers. v. M. Marx
ISBN 978-3-423-**36288**-7

Bitte besuchen Sie uns im Internet: www.dtv.de

Krisen in Chancen verwandeln

Christina Berndt
Resilienz
Das Geheimnis der psychischen Widerstandskraft
Was uns stark macht gegen Stress, Depressionen und Burn-out.

ISBN 978-3-423-34845-4

Auch als eBook und Hörbuch lieferbar.

Resilienz nennen die Psychologen die geheimnisvolle Kraft, aus einer deprimierenden Situation wieder ins volle Leben zurückzukehren, Widerstand zu leisten gegen die Zumutungen der Umwelt; den Blick optimistisch nach vorn zu lenken, aus einer Selbstsicherheit heraus zu handeln, die den Großteil der Kritik abprallen lässt und gezielt nur das verwertet, was konstruktiv ist.

Die Autorin gibt praktischen Rat und zeigt Wege auf, wie man sich durch die großen und kleinen Krisen des Lebens manövrieren kann. Denn obwohl die Fundamente der psychischen Widerstandskraft schon in frühester Kindheit gelegt werden, lassen sie sich doch auch später noch aushärten, falls man die richtigen Strategien kennt.

»Umfassend und überzeugend ...
Es ist ein Ratgeber-Hausbuch, lebensbegleitend.«
kultur-punkt.ch

Bitte besuchen Sie uns im Internet: www.dtv.de